달달 쓰고 곰곰 생각하는

달콤한

SENTENCE
WRITING

달콤한 SENTENCE WRITING

영어 문해력을 키우기 위해 기획된 첫 번째 달곰한 LITERACY Reading에 이어 두 번째 시리즈로 Sentence Writing를 선보입니다. 이 교재는 어려운 문법 중심이 아니라, 문장의 뼈대를 따라 자연스럽게 확장되는 문장 쓰기 과정에 초점을 맞추었습니다. 처음 영어를 접하는 아이들에게는 생소한 문법 용어보다는 영어의 어순에 먼저 익숙해지게 하는 것이 쓰기 학습에 효과적이기 때문입니다.

이 시리즈는 총 6권으로 구성되어 있으며 **LEVEL 1~3은 초등 교육과정의 기본문과 의문문, LEVEL 4~6은 중학교 과정의 복문(문장과 문장이 이어진 문장)까지 확장하여 쓸 수 있도록 단계적으로 설계했습니다.** 아이의 수준에 따라 중간부터 시작하셔도 되지만, **기본문부터 실력을 차근차근 쌓을 수 있도록 LEVEL 1부터 시작하시는 것을 권합니다.**

단계	학습 목표	문법 항목 기준
LEVEL ❶	'누가+무엇을 하다'의 기본 문장을 정확하게 만들 수 있다.	1~3문형
LEVEL ❷	기본 문장에 '어떻게' '어디에서' '언제' 등의 말을 붙여 문장을 확장할 수 있다.	2~5문형과 기타 문장
LEVEL ❸	다양한 질문을 만들고 질문에 대답할 수 있다.	의문문
LEVEL ❹	구체적인 시간과 뉘앙스를 살려 상황에 딱 맞는 문장을 만들 수 있다.	시제, 조동사, 수동태
LEVEL ❺	동사를 명사, 형용사, 부사처럼 변신시켜 긴 문장을 만들 수 있다.	준동사
LEVEL ❻	이어주는 말을 사용해 문장과 문장을 자연스럽게 연결할 수 있다.	접속사, 관계대명사

쓰기는 미룰수록 더 어려워집니다. **중학교 수행평가와 서술형이 우리 아이들의 당면 과제가 되기 전에, 쉬운 문장부터 시작하는 문장 중심 커리큘럼으로 영어 쓰기의 기초를 다져 보세요.** 이 교재가 아이의 영어 쓰기에 대한 부담을 덜고 '가능성'을 열어 주는 시작이 될 것입니다.

목차

구성 및 활용법

LEARN

❶ Title Sentence

각 레벨의 유닛 제목 문장은 익숙한 스토리에 기반하였습니다.
LEVEL 1은 <빨간 모자와 늑대>를 소개하고 있습니다.

❷ 목표 문장 확인

핵심 문장 구조에 대한 설명을 읽으며 개념을 익히세요. QR코드를 통해 짧은 강의도 볼 수 있어요.

❸ Word Bank

주제별로 제시된 어휘를 이미지와 맞춰보며 의미를 점검하세요. 모르는 단어가 많다면 교재 뒷부분의 어휘 리스트를 먼저 학습한 뒤, 문제를 풀어보세요.

BUILD

❹ STEP 1: 문장 익히기

문장 성분별로 나눠진 블록을 보며 우리말을 영어로 써 보세요.
블록을 따라가며 쓰면 자연스럽게 문장을 완성할 수 있습니다.

❺ STEP 2: 문장 만들기

이제 한 단계 확장하여 스스로 완전한 문장을 만들어 볼 차례입니다.
어려운 어휘는 Word Bank에 제시되어 있으니 참고하며 스스로 써 보세요.

STRETCH

❻ STEP 3: 문장 확장하기

기본 문장 구조를 익혔다면, 이제 문장을 변형하고 확장할 차례입니다.
문장 변형에 필요한 짤막한 문법 지식을 읽고 문장에 적용해 보세요.

❼ 서술형

맥락 속에서 제시된 짧은 실용문을 읽으며 서술형 문제에 대비하세요.

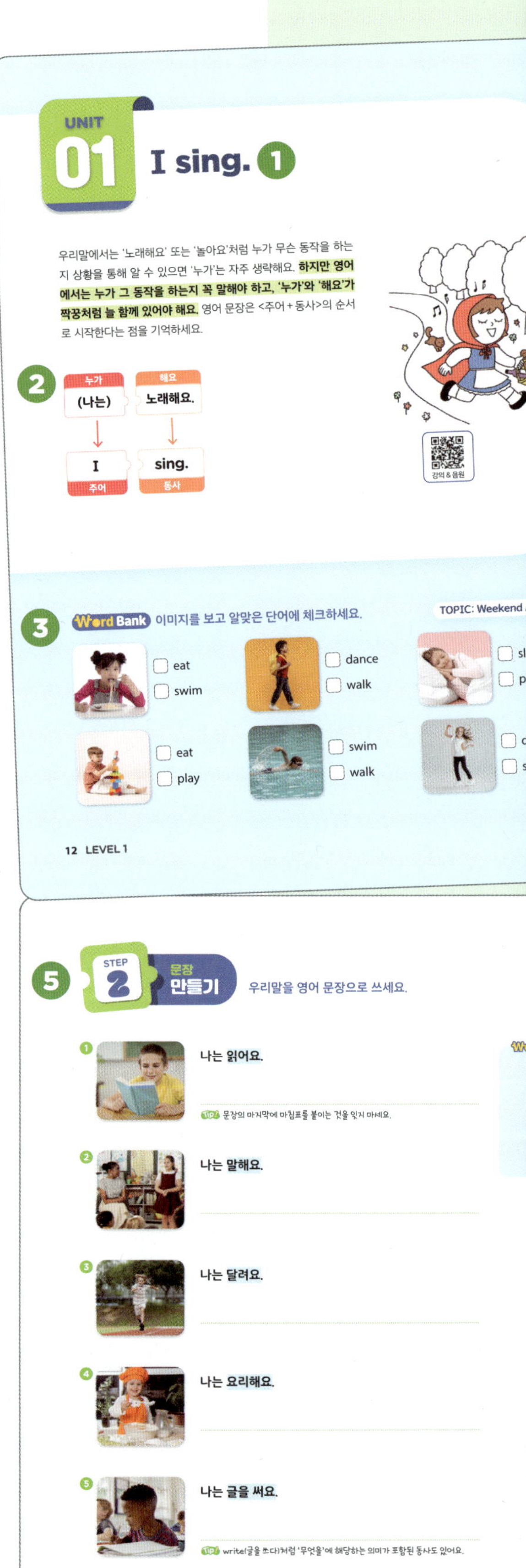

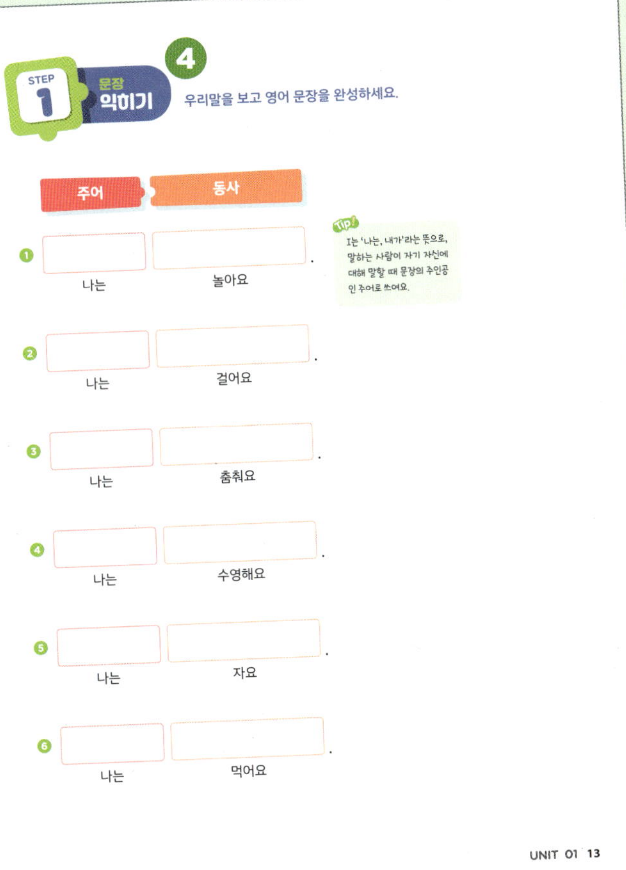

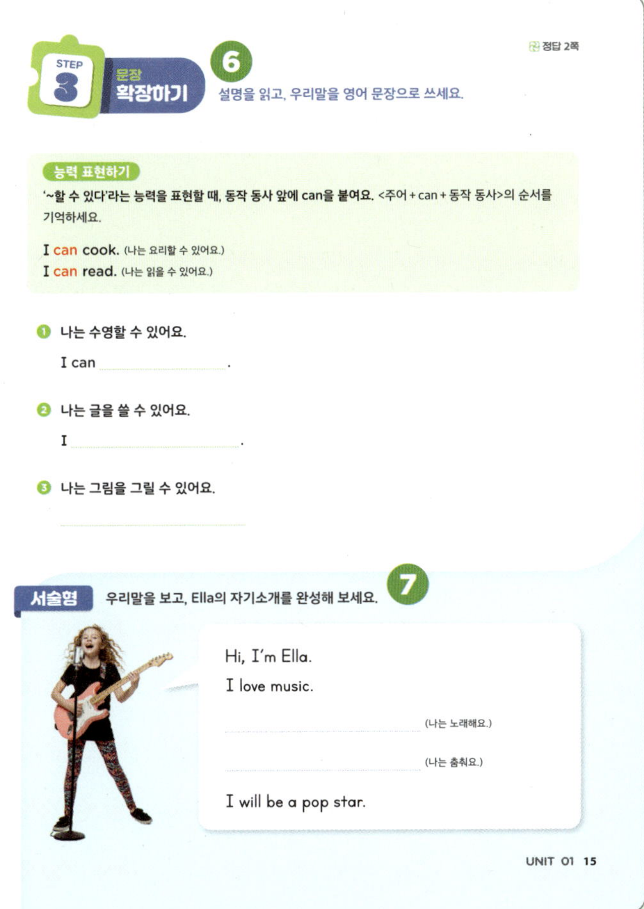

수행평가 Preview

간단한 유형의 중학교 수행평가 과제를 작성해 보며 수행평가를 미리 준비할 수 있어요.

누적 테스트

앞서 배운 문장 구조와 어휘를 누적해서 점검할 수 있도록 누적 테스트를 추가로 제공합니다.

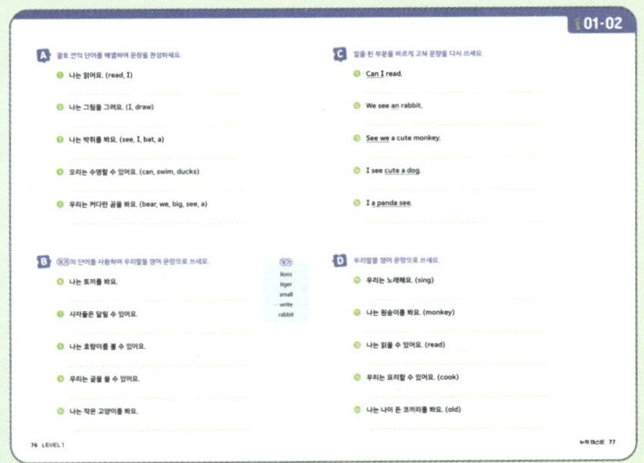

어휘 리스트

Word Bank의 어휘를 모아서 확인할 수 있어요.

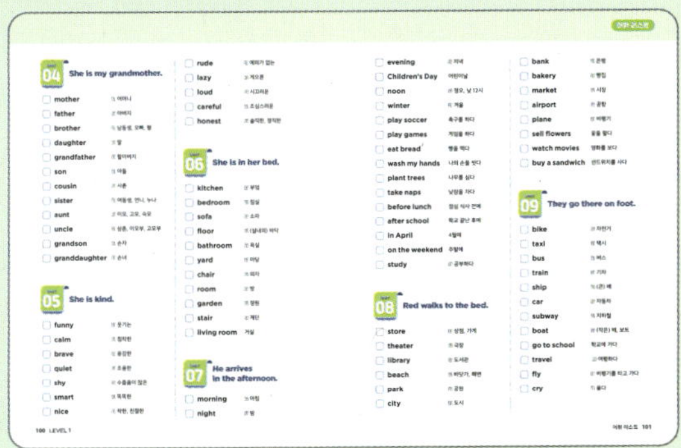

전권 커리큘럼

LEVEL **①~③**은 초등 교육과정에 기반한 기본 문장 구조를 다루고 있습니다. 이 커리큘럼은 선생님과 학부모님들의 이해를 돕기 위해 문법 용어를 중심으로 정리한 것이며, 아이들에게 문법 개념을 직접 인식시킬 필요는 없습니다.

LEVEL ①

UNIT 01	주어 + 동작 동사
UNIT 02	주어 + 동작 동사 + 목적어
UNIT 03	주어 + 동작 동사 + (목적어) +부사
UNIT 04	주어 + be동사 + 보어 (명사)
UNIT 05	주어 + be동사 + 보어 (형용사)
UNIT 06	주어 + be동사 + 부사구 (장소)
UNIT 07	주어 + 동작 동사 + 부사구 (시간)
UNIT 08	주어 + 동작 동사 + 부사구 (장소)
UNIT 09	주어 + 동작 동사 + 부사구 (장소) + 부사구 (방법)
UNIT 10	대명사 it/they
UNIT 11	지시대명사 this/that
UNIT 12	지시형용사 this/that

LEVEL ②

UNIT 01	주어 + 빈도 부사 + 동작 동사 (+ 목적어)
UNIT 02	주어 + 동작 동사 + 목적어 + 부사구 (장소)
UNIT 03	주어 + 동작 동사 + 목적어 + 부사구 (장소) + 부사구 (시간)
UNIT 04	주어 + 동작 동사 + 사람 목적어 + 사물 목적어
UNIT 05	주어 + 동작 동사 + 목적어 + 보어 (형용사)
UNIT 06	주어 + 동작 동사 + 목적어 + 보어 (명사)
UNIT 07	주어 + look + 보어 (형용사)
UNIT 08	주어 + smell[taste] + 보어 (형용사)
UNIT 09	주어 + get + 보어 (형용사)
UNIT 10	It + be동사+ 날씨 관련 형용사
UNIT 11	There + be동사 + 명사 + 부사구 (장소)
UNIT 12	동작 동사 + 목적어

LEVEL ③

UNIT 01	be동사 의문문
UNIT 02	do동사 의문문
UNIT 03	did동사 의문문
UNIT 04	<What + be동사> 의문문
UNIT 05	<Who + be동사> 의문문
UNIT 06	<What/Who + do동사> 의문문
UNIT 07	<Where + be동사> 의문문
UNIT 08	<When + be동사> 의문문
UNIT 09	<Where/When + do동사> 의문문
UNIT 10	<How + be동사> 의문문
UNIT 11	<How + do동사> 의문문
UNIT 12	<Why + be/do동사> 의문문

Preview

- **영어 문장을 이루는 요소들이에요. 각 요소들이 문장에서 하는 역할을 예문에 표시해 두었어요. 학습을 하기 전에 미리 알아보아요.**

주어

'누가'에 해당하는 말로 문장의 주인공이에요. 세상에 이름을 가진 모든 사람, 동물, 사물이 주어 자리에 올 수 있어요. 앞에서 나온 이름을 대신하는 말이 주어 자리에 올 수도 있어요.

예 my mother, my father, I, she

동사

사람 또는 동물의 움직임이나 행동을 나타내는 말을 동사라고 해요. 이 교재에서는 구체적인 움직임을 보여 주는 동작 동사를 주로 다루었어요.

예 play, eat, walk

be동사

be동사는 문장의 주인공이 누구인지, 어떤 상태인지, 어디에 있는지를 알려 줘요. be동사만으로 뜻이 완전하지 않아서, 뒤에 꼭 다른 말이 함께 와야 해요.

예 am, is, are

목적어

주어가 '무엇을' 하는지 알려 주는 말로 동작의 대상이 되는 말이에요. 주어와 마찬가지로 세상에 이름을 가진 모든 대상인 명사나 명사를 대신하는 말인 대명사가 올 수 있어요

예 lunch, a tiger, me

보어	**동사 뒤에 와서 주어나 목적어를 보충 설명해주는 말이에요.** 명사나 형용사가 올 수 있어요. 예 my mother, kind
부사	동작 동사 앞이나 문장 끝에 와서 **동작이 '어떻게' 이루어지는지를 알려주는 말이에요.** 예 loudly, fast
부사구	두 단어 이상이 모여 이루어진 짧은 표현을 구(phrase)라고 하는데, **장소나 시간을 나타내는 표현은 구 형태가 많아요. 부사의 역할을 하고, 주로 문장 뒷부분에 위치해요.** 예 at school, in the morning
명사	**세상에 이름을 가진 모든 대상을 나타내는 말이에요.** 주로 주어와 목적어, 보어 자리에 쓰여요. 예 school, morning
형용사	우리말의 '어떠한'에 해당하는 말로, **명사의 상태나 성질 등을 자세히 꾸며 주거나 보충 설명해주는 말이에요.** 예 big, small

"

영어 문장 쓰기,
함께 시작해보자!

"

1

동작 동사 ❶

동사란 사람이나 사물의 움직임을 나타내는 말이에요. 영어에서 동사는 크게 두 가지 종류가 있는데, 첫째는 동작 동사예요. 동작 동사는 '달려요', '웃어요'처럼 구체적인 행동을 나타내므로 다양한 단어가 있고 각각 다른 의미를 가져요. 이제 동작 동사로 문장을 어떻게 만드는지 배워볼 거예요.

I sing.

우리말에서는 '노래해요' 또는 '놀아요'처럼 누가 무슨 동작을 하는지 상황을 통해 알 수 있으면 '누가'는 자주 생략해요. **하지만 영어에서는 누가 그 동작을 하는지 꼭 말해야 하고, '누가'와 '해요'가 짝꿍처럼 늘 함께 있어야 해요.** 영어 문장은 <주어 + 동사>의 순서로 시작한다는 점을 기억하세요.

누가	해요
(나는)	노래해요.
↓	↓
I	sing.
주어	동사

강의 & 음원

Word Bank 이미지를 보고 알맞은 단어에 체크하세요.

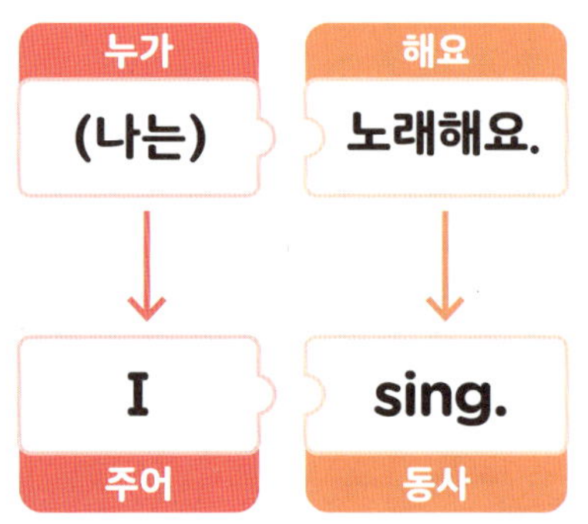
- [ ] eat
- [ ] swim

- [ ] dance
- [ ] walk

- [ ] sleep
- [ ] play

- [ ] eat
- [ ] play

- [ ] swim
- [ ] walk

- [ ] dance
- [ ] sleep

우리말을 보고 영어 문장을 완성하세요.

주어	동사

1

나는	놀아요

2

나는	걸어요

3

나는	춤춰요

4

나는	수영해요

5

나는	자요

6

나는	먹어요

문장 **만들기**

우리말을 영어 문장으로 쓰세요.

1

나는 **읽어요**.

Tip! 문장의 마지막에 마침표를 붙이는 것을 잊지 마세요.

2

나는 **말해요**.

3

나는 **달려요**.

4

나는 **요리해요**.

5

나는 **글을 써요**.

Tip! write(글을 쓰다)처럼 '무엇을'에 해당하는 의미가 포함된 동사도 있어요.

6

나는 **그림을 그려요**.

Tip! 각 문장의 마지막에 마침표를 모두 붙였는지 확인해 보세요.

Word Bank

draw
speak
cook
read
run
write

STEP 3 문장 확장하기

설명을 읽고, 우리말을 영어 문장으로 쓰세요.

능력 표현하기

'~할 수 있다'라는 능력을 표현할 때, 동작 동사 앞에 **can**을 붙여요. <주어 + can + 동작 동사>의 순서를 기억하세요.

I **can** cook. (나는 요리할 수 있어요.)
I **can** read. (나는 읽을 수 있어요.)

1 나는 수영할 수 있어요.

I can ______________________ .

2 나는 글을 쓸 수 있어요.

I ______________________ .

3 나는 그림을 그릴 수 있어요.

____

서술형

우리말을 보고, Ella의 자기소개를 완성해 보세요.

Hi, I'm Ella.

I love music.

______________________ (나는 노래해요.)

______________________ (나는 춤춰요.)

I will be a pop star.

I see a wolf.

'I eat.'처럼 영어 문장에서 '주어(누가)'와 '동사(해요)'는 항상 짝처럼 함께 다녀요. 이때, **'I eat lunch.(나는 점심을 먹어요.)'처럼 동작의 대상이 되는 말인 목적어가 동작 동사 뒤에 올 수 있어요.** 우리말에서는 동사가 문장의 맨 끝에 오지만, 영어에서는 목적어가 동사 뒤에 온다는 점이 달라요.

누가	무엇을	해요
(나는)	늑대를	봐요.
I	see	a wolf.
주어	동사	목적어

강의 & 음원

W⊙rd Bank 이미지를 보고 알맞은 단어에 체크하세요.

TOPIC: Animals

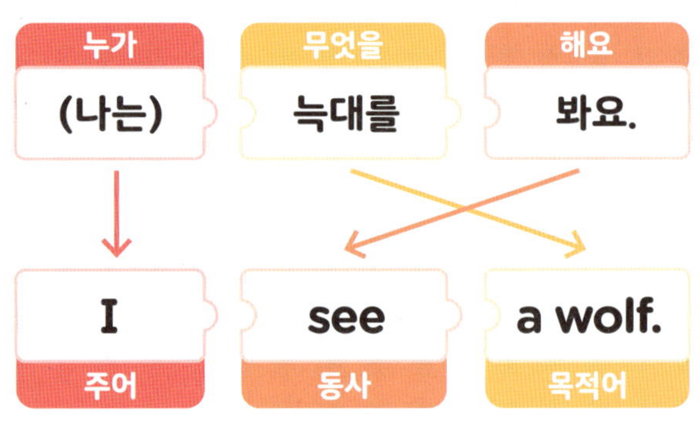

☐ a bat
☐ a dog

☐ a tiger
☐ a duck

☐ a cat
☐ a bear

☐ a bear
☐ a tiger

☐ a cat
☐ a bat

☐ a dog
☐ a duck

Tip! a는 어떤 것이 '하나' 있을 때 쓰는 말이에요. '하나의'라고 따로 해석하지 않아도 돼요.

우리말을 보고 영어 문장을 완성하세요.

주어	동사	목적어

1 ____________ ____________ ____________ .
　　나는　　　봐요　　　강아지를

2 ____________ ____________ ____________ .
　　나는　　　봐요　　　고양이를

3 ____________ ____________ ____________ .
　　너는　　　본다　　　오리를

4 ____________ ____________ ____________ .
　　너는　　　본다　　　곰을

5 ____________ ____________ ____________ .
　　우리는　　봐요　　　박쥐를

6 ____________ ____________ ____________ .
　　우리는　　봐요　　　호랑이를

우리말을 영어 문장으로 쓰세요.

Word Bank

monkey
rabbit
lion
panda
elephant
pig

1 

나는 **돼지**를 봐요.

Tip! 동물이 한 마리일 때 동물 앞에 a를 붙이는 것을 잊지 마세요.

2 

나는 **사자**를 봐요.

3 

우리는 **판다**를 봐요.

4 

나는 **원숭이**를 봐요.

5 

너는 **토끼**를 볼 수 있어.

Tip! '~할 수 있다'라는 능력의 의미를 나타낼 때 동작 동사 앞에 can을 붙여요.

6 

우리는 **코끼리**를 볼 수 있어요.

Tip! 단어의 첫소리가 a, e, i, o, u로 시작하면 그 앞에 a 대신 an을 써요.

STEP 3 문장 **확장하기**

설명을 읽고, 우리말을 영어 문장으로 쓰세요.

대상을 꾸며주는 말

사람, 동물, 사물 등의 대상 앞에 꾸며주는 말을 붙여 그 대상을 자세하게 표현할 수 있어요. <a(n) + 꾸며주는 말 + 대상>의 순서를 기억하세요.

I see a cute dog. (나는 귀여운 강아지를 봐요.)
We see a small cat. (우리는 작은 고양이를 봐요.)

1 나는 **어린** 호랑이를 봐요.

I see a ___________________________ .

2 우리는 **나이 든** 사자를 봐요.

We ___________ an ___________________ .

3 너는 **커다란** 코끼리를 볼 수 있어.

____

Word Bank

old
big
young

서술형　우리말을 보고, 동물원을 방문한 다온이의 일기를 완성해 보세요.

I am at the zoo.

_______________________________ (나는 판다를 봐요.)

_______________________________ (나는 커다란 곰을 봐요.)

_______________________________ (나는 귀여운 원숭이를 봐요.)

I love animals!

I speak kindly.

'친절하게 말해요', '빠르게 달려요'처럼 **'어떻게'에 해당하는 말로 동작 동사를 꾸며 문장을 풍부하게 표현할 수 있어요.** 우리말에서 동사를 꾸며주는 말은 대부분 동사 앞에 와요. 하지만 영어에서는 보통 동사 바로 뒤에 오거나 문장 끝에 와요.

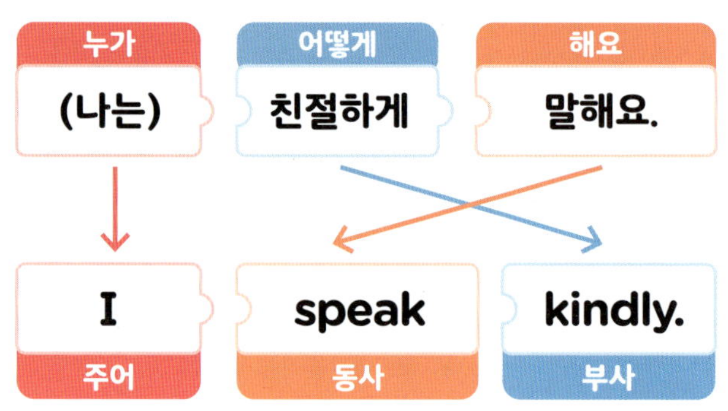

강의 & 음원

Word Bank 이미지를 보고 알맞은 단어에 체크하세요.

- [ ] loudly
- [ ] slowly

- [ ] early
- [ ] carefully

- [ ] late
- [ ] fast

- [ ] loudly
- [ ] fast

- [ ] late
- [ ] early

- [ ] slowly
- [ ] carefully

Tip! 동작을 꾸며주는 '어떻게'에 해당하는 단어는 보통 -ly로 끝나요. 하지만 fast, late처럼 모양이 다른 경우도 있어요.

우리말을 보고 영어 문장을 완성하세요.

주어	동사	부사

1 □ □ □ .
나는 　먹어요 　시끄럽게

2 □ □ □ .
우리는 　먹어요 　빠르게

3 □ □ □ .
너희들은 　먹는다 　조심스럽게

> Tip!
> you는 '너' 이외에 '너희들'
> 이란 뜻도 있어요.

주어	동사	목적어	부사

회색으로 표시된 부분은 따라 쓰며 문장을 완성하세요.

4 □ □ breakfast □ .
너희들은 　먹는다 　아침을 　늦게

5 □ □ lunch □ .
그들은 　먹어요 　점심을 　일찍

6 □ □ dinner □ .
그들은 　먹어요 　저녁을 　천천히

> Tip!
> breakfast, lunch,
> dinner는 정해진 시간
> 에 먹기 때문에 보통
> 앞에 a를 안 붙여요.

> Tip!
> they는 '그들은'이란
> 뜻으로, 여러 사람을
> 가리킬 때 써요.

우리말을 영어 문장으로 쓰세요.

Word Bank

well
deeply
easily

flower
storybook

1. 
나는 큰 소리로 말해요.

____

2. 
너는 잠을 **깊게** 잔다.

____

3. 
우리는 수영을 빨리 해요.

____

4. 
너희들은 **꽃**들을 **잘** 그린다.

____
Tip! 대상이 여러 개일 때는 보통 단어 뒤에 -s를 붙여요.

5. 
그들은 **이야기책**들을 천천히 읽어요.

____

6. 
그들은 요리를 **쉽게** 할 수 있어요.

____

STEP 3 문장 확장하기   설명을 읽고, 우리말을 영어 문장으로 쓰세요.

동작 동사의 형태 변화 1

그(he), 그녀(she)처럼 '나, 너'가 아닌 다른 한 사람이 문장의 주어이면, 동작 동사 뒤에 -s를 붙여요.
My mom처럼 특정한 다른 한 사람을 말할 때도 동사 뒤에 -s를 붙여요.

She swims well. (그녀는 수영을 잘해요.)
My brother eats dinner early. (나의 남동생은 저녁을 일찍 먹어요.)

1 나의 엄마는 천천히 걸어요.

My mom ________________________ .

2 나의 아빠는 책을 빠르게 읽어요.

My dad ____________ books ____________ .

3 그녀는 조심스럽게 글을 써요.

____

서술형   우리말을 보고, John 가족의 식사 습관에 대한 글을 완성해 보세요.

My family eats differently.

________________________ (나의 아빠는 빨리 먹어요.)

________________________ (나의 엄마는 천천히 먹어요.)

________________________ (나의 남동생은 조심스럽게 먹어요.)

I eat loudly.

My Playtime

 수행평가 과제를 확인해 보세요.

주제	내가 놀이터에서 주로 하는 놀이 소개하기
내용	✔ 시작과 마지막 문장을 포함하기 ✔ 놀이터에서 하는 놀이 세 가지를 포함하기
조건	✔ 모든 문장에 동작 동사를 하나씩 쓰기 ✔ '무엇을'과 '어떻게'가 들어간 문장을 하나씩 쓰기

**예시
답변** **다음 글을 소리 내어 읽으며 따라 써 보세요.**

I go to the playground.

I run.

I play catch.

I swing high.

I am happy.

Word Bank

☐ **playground** 놀이터　　☐ **play catch** 공 던지기 놀이를 하다　　☐ **swing** 그네를 타다　　☐ **high** 높게, 높은

내 답변 아래 표현들을 활용해 내 답변을 완성하고, 그림을 그려 보세요.

I go to the playground.

I

I

I

I am happy.

Word Bank

☐ run fast 빠르게 달리다

☐ climb 오르다

☐ ride a seesaw 시소를 타다

☐ jump high 높게 점프하다

☐ slide down 미끄럼틀을 타고 내려가다

☐ play tag 술래잡기를 하다

Checklist 내가 쓴 글을 보며 과제를 잘 했는지 평가해 보세요.

평가 요소		
1. 동작 동사가 들어간 문장 세 개를 썼나요?	☐ Yes	☐ No
2. '무엇을'이 들어간 문장 1개를 포함했나요?	☐ Yes	☐ No
3. '어떻게'가 들어간 문장 1개를 포함했나요?	☐ Yes	☐ No
4. 대소문자, 마침표, 철자가 올바른가요?	☐ Yes	☐ No

 # Pictionary

영어에서는 명사와 동사로 모두 쓸 수 있는 단어들이 많아요. 예를 들어, play는 명사로 '놀이, 경기'라는 뜻이고, 동사로는 '놀다, 경기를 하다'라는 뜻이에요. 이렇게 명사가 동사로 쓰일 때는 끝에 우리말로 '~하다'가 붙는다고 생각하면 이해하기 쉬워요.

● 앞에서 배운 단어 중에서 명사와 동사로 모두 쓸 수 있는 단어들이에요.
　사전에서 정확한 뜻을 찾아 적고, 그림을 그려 그림 사전을 완성해 보세요.

walk 　명　동

dance 　명　동

sleep 　명　동

talk 　명　동

CHAPTER 2

be동사

동사에는 구체적인 움직임을 나타내는 동작 동사 외에, 상태를 나타내는 상태 동사도 있어요. be동사는 대표적인 상태 동사로, '~이다', '~에 있다'처럼 문장의 주어가 누구[무엇]인지, 어떤 성격인지, 어디에 있는지를 알려 줄 때 사용해요. be동사는 am, is, are 딱 세 가지밖에 없어요. 그리고 혼자 쓰이지 않고 뒤에 다른 말이 더해져야 문장이 완성돼요.

UNIT 04
She is my grandmother.

be동사 뒤에는 사람의 직업, 신분, 역할 등을 나타내는 말이 올 수 있어요. 이렇게 하면 문장의 주어가 '누구인지, 무엇인지'를 알 수 있어요. 그리고 문장의 주인공이 남자 한 명이면 he, 여자 한 명이면 she를 쓰는데, 이때 be동사는 둘 다 is를 써요.

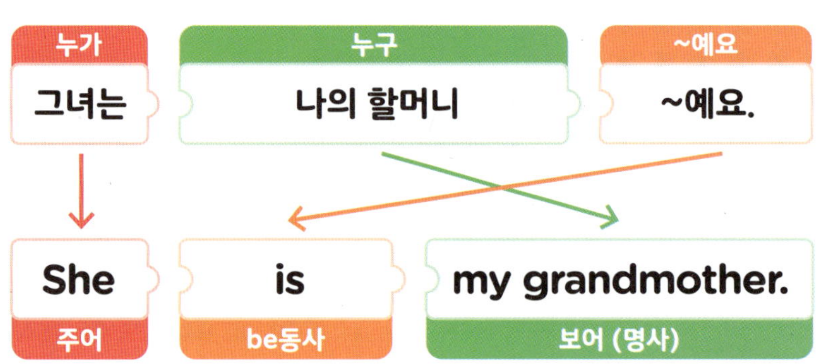

강의 & 음원

W⊙rd Bank 이미지를 보고 알맞은 단어에 체크하세요.

TOPIC: Family

- [ ] mother
- [ ] daughter

- [ ] mother
- [ ] father

- [ ] son
- [ ] brother

- [ ] father
- [ ] daughter

- [ ] grandfather
- [ ] brother

- [ ] son
- [ ] grandfather

우리말을 보고 영어 문장을 완성하세요.

주어	be동사	보어 (명사)

1

그는	~예요	나의 아버지

> **Tip!**
> 내 가족을 소개할 때
> 는 '나의'라는 뜻의
> 'my'를 꼭 붙여요.

2

그녀는	~예요	나의 어머니

> **Tip!**
> 더 친근하고 짧은
> 형태로, mother
> 와 father를 각각
> mom과 dad로 바꿔
> 쓸 수 있어요.

3

그는	~이에요	나의 아들

4

그녀는	~이에요	나의 딸

5

그는	~예요	나의 할아버지

6

그는	~이에요	나의 남동생

STEP 2 문장 만들기

우리말을 영어 문장으로 쓰세요.

Word Bank

cousin
sister
aunt
uncle
grandson
granddaughter

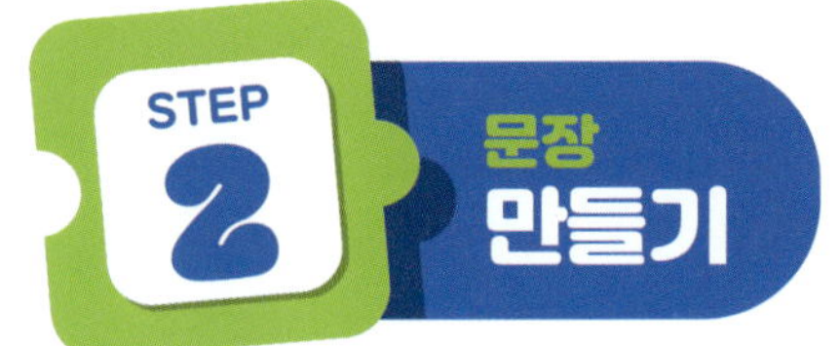

1

그녀는 나의 여동생이에요.

Tip! sister는 여동생, 언니, 누나를, brother는 남동생, 오빠, 형을 모두 뜻해요.

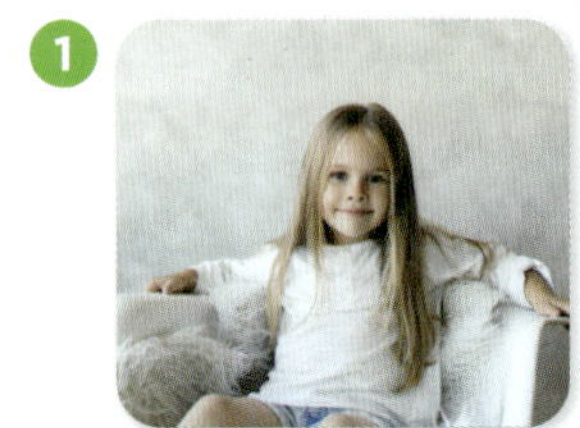

2

그는 나의 사촌이에요.

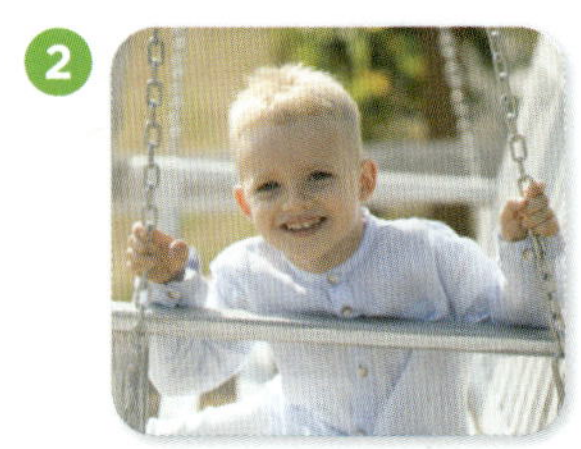

3

그는 나의 손자예요.

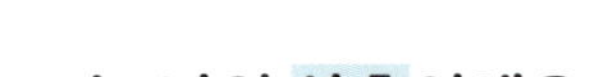

4

그녀는 나의 손녀예요.

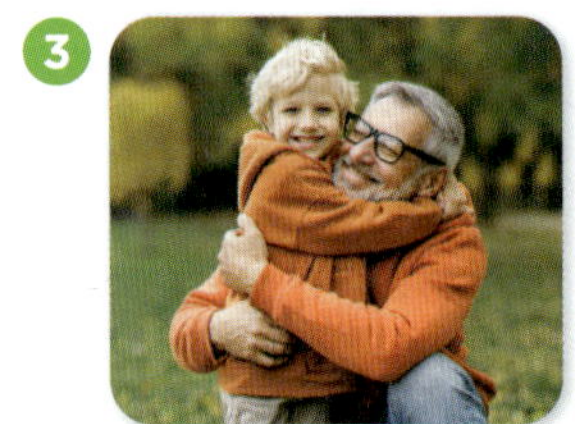

5 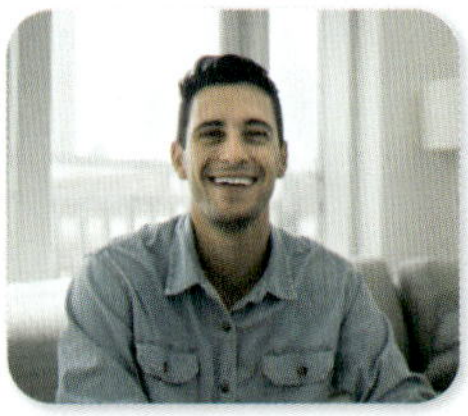

그는 나의 삼촌이에요.

Tip! uncle은 아빠나 엄마의 남자 형제를 뜻해요.

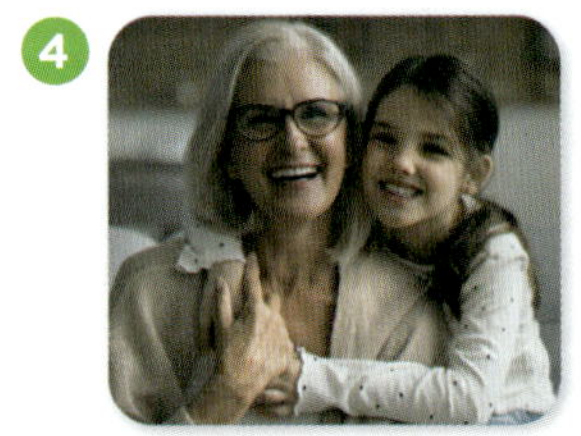

6 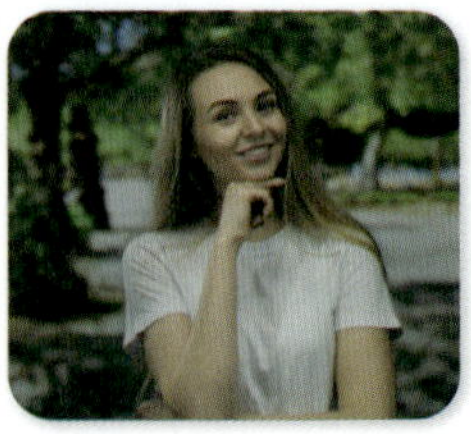

그녀는 나의 이모예요.

Tip! aunt는 아빠나 엄마의 여자 형제를 뜻해요.

설명을 읽고, 우리말을 영어 문장으로 쓰세요.

누구의 것인지 표현하기

가족을 소개할 때 누구의 가족인지 밝혀주는 것처럼, **누구와 관련된 사람인지, 누구의 물건인지** 말할 때도 **my(나의), your(너의), our(우리의), his(그의), her(그녀의)**를 붙여요. 이런 말들은 a(n)과 함께 쓸 수 없어요.

He is a doctor. (그는 의사 선생님이에요.)
He is my~~(my a)~~ doctor. (그는 나의 의사 선생님이에요.)

1 그녀는 나의 할머니예요.

She is ________________________ .

2 그것은 그의 이야기책이에요.

It is ________________________ .

3 Jane은 그녀의 여동생이에요.

____

서술형

Ben의 가족 관계도를 보고, Ben의 가족을 소개하는 글을 완성해 보세요.

Hi, I'm Ben.

James ________________________ .

Linda ________________________ .

Steve ________________________ .

Alice and David are my grandparents.

UNIT 05

She is kind.

be동사 뒤에는 사람의 성격이나 기분, 상태를 나타내는 말을 쓸 수 있어요. 이렇게 하면 문장의 주어가 '어떠한지'를 알 수 있어요. 주어 자리에 I가 올 때는 be동사 자리에 am을 쓰고, you가 올 때는 are를, he나 she가 올 때는 is를 써요.

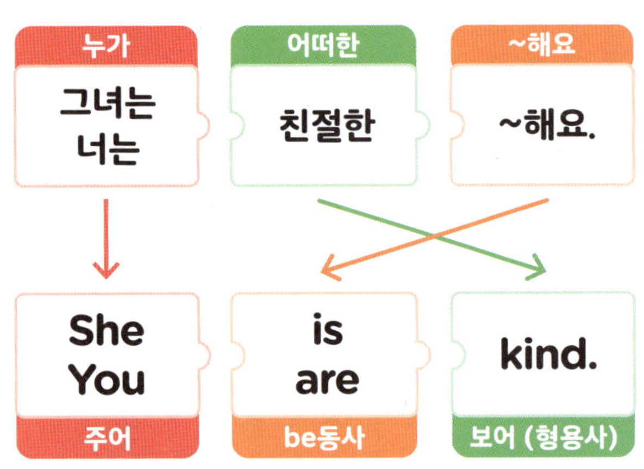

Word Bank — 이미지를 보고 알맞은 단어에 체크하세요.

TOPIC: Character

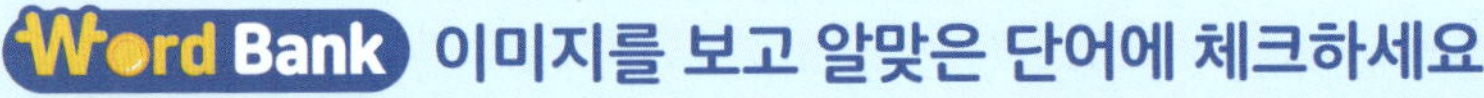

- [ ] shy
- [ ] funny

- [ ] brave
- [ ] calm

- [ ] brave
- [ ] funny

- [ ] calm
- [ ] quiet

- [ ] shy
- [ ] smart

- [ ] smart
- [ ] quiet

우리말을 보고 영어 문장을 완성하세요.

주어	be동사	보어 (형용사)

1 | | | | .
나는 　　 ~해요 　　 조용한

2 | | | | .
나는 　　 ~해요 　　 용감한

3 | | | | .
너는 　　 ~해 　　 수줍음이 많은

4 | | | | .
너는 　　 ~해 　　 침착한

5 | | | | .
너희들은 　　 ~해 　　 똑똑한

6 | | | | .
너희들은 　　 ~해 　　 웃기는

> **Tip!**
> you는 '너'와 '너희들'을 모두 뜻하는데, 뒤에 오는 be동사는 항상 are를 써요.

우리말을 영어 문장으로 쓰세요.

Word Bank
nice
rude
lazy
loud
careful
honest

1.  나는 **게을러요**.

2.  너는 **시끄러워**.

Tip! loud 끝에 -ly가 붙어서 loudly가 되면 '시끄럽게, 큰 소리로'라는 뜻이 돼요.

3.  그녀는 **착해요**.

4.  그는 **예의가 없어요**.

5.  너는 **솔직해**.

6.  너희들은 **조심스러워**.

STEP 3 문장 **확장하기**

설명을 읽고, 우리말을 영어 문장으로 쓰세요.

문장의 주어

문장의 주어 자리에는 I, you, he, she 외에도 **세상에 존재하는 모든 사람이나 사물의 이름이 올 수 있어요.** 이름이 있는 모든 것들을 명사라고 해요. 그리고 주어가 여러 개일 때 be동사는 are를 써요.

My grandmother is smart. (나의 할머니는 똑똑해요.)
Rabbits are fast. (토끼들은 빨라요.)

---

1 나의 아버지는 용감해요.

_______________ is _______________ .

2 나의 오빠들은 시끄러워요.

_______________ are _______________ .

3 원숭이들은 똑똑해요.

____

서술형 우리말을 보고, 친구 Gina를 소개하는 글을 완성해 보세요.

This is my friend, Gina.

She is _______________ and _______________ .
(그녀는 웃기고 솔직해요.)

_______________ to everyone.
(그녀는 모든 사람들에게 친절해요.)

Gina is my best friend.

UNIT 06

She is in her bed.

be동사는 '~에 있다'라는 뜻도 나타낼 수 있어요. 이때 '어디에 있는지'를 알려주는 장소 표현이 뒤따르는데, <in/on + 장소>의 형태로 와요. in은 '(넓은 장소나 공간의) ~안에', on은 '(표면에 붙어서) ~위에'라는 뜻이에요. 여러 사람을 뜻하는 we(우리는)와 they(그들은)가 주어 자리에 올 때는 be동사 are를 써요.

누가	어디에	있어요
그녀는 우리는	그녀의 침대에 우리의 침대에	있어요. 있어요.

She We	is are	in her bed. in our bed.
주어	be동사	부사구 (장소)

강의 & 음원

W⬤rd Bank 이미지를 보고 알맞은 단어에 체크하세요.　　　　TOPIC: Places at Home

- [ ] the kitchen
- [ ] the yard

- [ ] the floor
- [ ] the bedroom

- [ ] the sofa
- [ ] the bathroom

- [ ] the sofa
- [ ] the floor

- [ ] the bathroom
- [ ] the kitchen

- [ ] the yard
- [ ] the bedroom

Tip! 서로 알고 있는 대상을 말할 때는 그 앞에 a가 아닌 the를 써요. 집에서는 서로 어디인지 아는 장소를 말할 때가 많아 장소 앞에 the를 함께 써요.

우리말을 보고 영어 문장을 완성하세요.

주어	be동사	부사구 (장소)

1 그들은 / 있어요 / 마당 안에 .

2 그들은 / 있어요 / 침실 안에 .

3 그들은 / 있어요 / 욕실 안에 .

4 우리는 / 있어요 / 부엌 안에 .

5 우리는 / 있어요 / 바닥 위에 .

Tip! floor(바닥)와 sofa(소파)는 접촉해 있는 장소이므로 '(표면에 붙어서) ~위에'를 나타내는 on과 함께 써요.

6 우리는 / 있어요 / 소파 위에 .

우리말을 영어 문장으로 쓰세요.

1 

우리는 침실에 있어요.

Tip! in, on이 각각 '~안에', '~위에'라는 뜻이지만 해석은 자연스럽게 '~에'로 할 때가 많아요.

2 

그들은 방에 있어요.

3 

우리는 거실에 있어요.

4 

그녀는 계단에 있어요.

Tip! '계단'은 여러 칸이 연결된 구조 전체를 말하므로 stairs라고 써요.

5 

그는 의자에 있어요.

6 

그들은 정원에 있어요.

설명을 읽고, 우리말을 영어 문장으로 쓰세요.

be동사의 부정형

'~가 아니에요', '~에 있지 않아요'처럼 부정의 뜻을 말하고 싶을 때는, **be동사 뒤에 not을 붙이면 돼요.**

We are not in the kitchen. (우리는 부엌에 있지 않아요.)
He is not lazy. (그는 게으르지 않아요.)

1 나는 소파에 있지 않아요.

I am ________________________________ .

2 나의 여동생은 조심스럽지 않아요.

My sister ________________________________ .

3 그들은 마당에 있지 않아요.

____

서술형   우리말을 보고, 괄호 안의 단어를 사용하여 엄마가 쓴 메모를 완성해 보세요.

Hi, honey.

The sandwich ________________________________ . *(fridge)*
(그 샌드위치는 냉장고 안에 있어.)

Your books ________________________________ . *(desk)*
(너의 책들은 책상 위에 있어.)

Your hat ________________________________ . *(closet)*
(너의 모자는 옷장 안에 있어.)

See you later.

My Family

 수행평가 과제를 확인해 보세요.

주제	가족 중 한 사람 소개하기
내용	✓ 시작과 마지막 문장을 포함하기 ✓ 가족의 직업, 성격, 현재 있는 장소를 포함하기
조건	✓ 동작 동사가 아닌 be동사를 포함한 문장 세 개 쓰기

 다음 글을 소리 내어 읽으며 따라 써 보세요.

This is my dad.

He is a firefighter.

He is brave and funny.

He is in the kitchen now.

I love my dad!

Word Bank

☐ firefighter 소방관 ☐ now 지금

정답 14쪽

내 답변

아래 표현들을 활용해 내 답변을 완성하고, 그림을 그려 보세요.

This is my

He/She is

He/She is

He/She is

I love my

Word Bank

- teacher 선생님
- office worker 회사원
- gentle 온화한
- playful 장난기가 많은
- at work 회사에
- chef 요리사
- homemaker 주부
- active 활동적인
- cheerful 발랄한
- at home 집에

Checklist

내가 쓴 글을 보며 과제를 잘 했는지 평가해 보세요.

평가 요소		
1. 가족의 직업, 성격, 현재 있는 장소를 포함했나요?	Yes	No
2. be동사로 세 개의 문장을 썼나요?	Yes	No
3. 시작과 마지막 문장을 포함했나요?	Yes	No
4. 대소문자, 마침표, 철자가 올바른가요?	Yes	No

앞에서 배운 단어의 뜻을 보고 빈칸을 완성해 보세요.
그리고 각 색깔 박스의 철자를 순서대로 연결해 마지막 퀴즈의 정답을 맞혀 보세요.

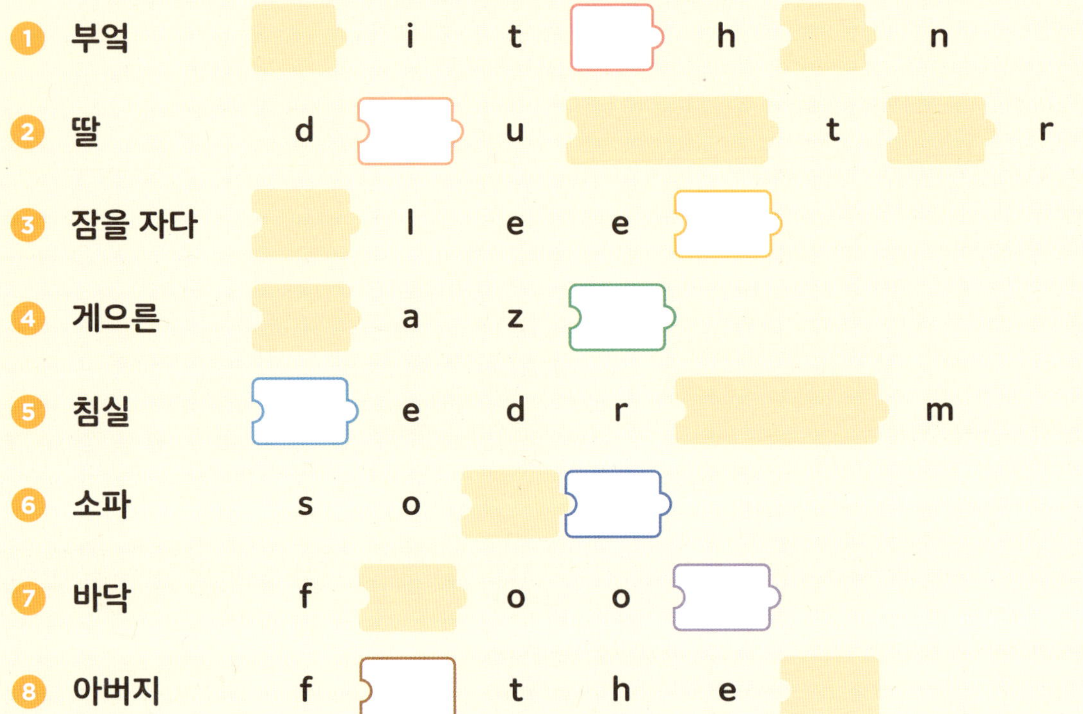

I am an animal. I live in South America.

I am round and brown. I am friendly and a good swimmer.

Who am I?

정답: capybara

CHAPTER 3

동작 동사 ❷

Chapter1에서 주어와 동작 동사로 시작하는 기본 문장을 배웠어요. 이번에는 기본 문장에 붙어서 문장을 길게 만드는 말들을 알아볼 거예요. 주로 시간, 장소, 방법을 나타내는 말들이 이에 해당하며, 이런 말들은 대부분 문장 끝에 위치해 문장을 더 풍부하게 만들어줘요.

He arrives in the afternoon.

주어와 동사로 이루어진 기본 문장에 붙는 말 중에는 '시간을 나타내는 표현'이 있어요. '아침에', '저녁에'처럼 **시간을 알려주는 말은 보통 <in, at, on + 시간 표현> 형태로 쓰고 문장 끝에 와요.** 동사가 문장 끝에 오는 우리말 순서와 다르니 차이점을 기억해 두세요.

강의 & 음원

in + 길거나 큰 범위의 시간	in the **afternoon** (오후에) in **June** (6월에)
at + 짧고 정확한 시간	at **seven** (7시에) at **lunchtime** (점심시간에)
on + 요일, 날짜, 특정한 날	on **Monday** (월요일에) on **May 5** (5월 5일에)

Word Bank 이미지를 보고 알맞은 단어에 체크하세요.　　　TOPIC: Time

- [ ] morning
- [ ] noon

- [ ] winter
- [ ] night

- [ ] Children's Day
- [ ] evening

- [ ] night
- [ ] Children's Day

- [ ] evening
- [ ] noon

- [ ] winter
- [ ] morning

우리말을 보고 영어 문장을 완성하세요.
필요할 경우 동사의 모양을 바꾸세요.

주어	동사	부사구 (시간)

1   그는   달려요   아침에 .

2   그녀는   놀아요   저녁에 .

3   그녀는   먹어요   낮 12시에 .

4   그는   잠자요   밤에 .

5   그녀는   skates 스케이트를 타요   겨울에 .

6   그는   travels 여행 가요   어린이날에 .

우리말을 영어 문장으로 쓰세요.
필요할 경우 동사의 모양을 바꾸세요.

Word Bank

play soccer
play games
eat bread
wash my hands
plant trees
take naps

before lunch
after school
in April
on the weekend

1.  그녀는 낮 12시에 낮잠을 자요.

____

2.  그는 4월에 나무를 심어요.

____

3.  그는 아침에 빵을 먹어요.

____

4.  그녀는 주말에 게임을 해요.

____

5.  나는 점심 식사 전에 나의 손을 씻어요.

____

Tip! 시간을 나타내는 표현 중 하나인 before는 '어떤 일이 일어나기 전에'를 의미해요.

6.  그들은 학교 끝나고 축구를 해요.

____

Tip! 시간을 나타내는 표현 중 하나인 after는 '어떤 일이 일어난 후에'를 의미해요.

STEP 3 문장 **확장하기**   설명을 읽고, 우리말을 영어 문장으로 쓰세요.

동작 동사의 부정형

동작 동사의 부정의 뜻을 나타낼 때 동사 앞에 더해지는 말이 있어요. **주어가 I, you, we, they일 때는 don't를, he, she일 때는 doesn't를 써요. don't나 doesn't 뒤의 동사는 원래 모양으로 써야 해요.**

I **don't(=do not) eat** at night. (나는 밤에 먹지 않아요.)
He **doesn't(=does not) run**(runs) in the morning. (그는 아침에 뛰지 않아요.)

❶ 나는 주말에 **공부하지** 않아요.

__________________________ on the weekend.

Word Bank
study

❷ 나의 여동생은 오후에 낮잠을 자지 않아요.

__________________________ naps in the afternoon.

❸ 그녀는 여름에 여행 가지 않아요.

__________________________ in summer.

서술형   우리말을 보고, 괄호 안의 단어를 사용하여 민주의 편지를 완성해 보세요.

Dear Kay,
I'm in Hawaii.

__________________________ (jog)
(나는 아침에는 조깅해.)

__________________________ (swim)
(나는 오후에 수영을 하지 않아.)

__________________________ (rest)
(나는 밤에는 쉬어.)

I like my time in Hawaii!

Red walks to the bed.

기본 문장에 붙는 말 중에 '장소를 나타내는 표현'도 많이 쓰여요. 장소를 알려주는 말은 '어디에서' 일이 일어나는지를 알려주고, 보통 <in, at + 장소 명사>의 형태로 와요. 목적지를 의미하는 to(~으로)는 주로 go, walk처럼 이동을 의미하는 동사와 자주 쓰여요.

강의 & 음원

in + 넓은 장소나 공간	**in** the **room** (방 안에)
at + 특정한 장소의 한 지점	**at** the **bus stop** (버스 정류장에)
to + 목적지	**to** the **bed** (침대로)

W⭕rd Bank 이미지를 보고 알맞은 단어에 체크하세요. **TOPIC: Places**

- [ ] park
- [ ] store

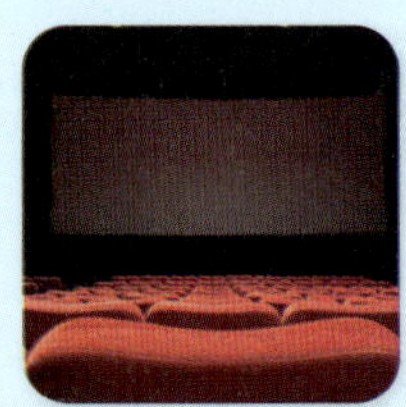
- [ ] theater
- [ ] beach

- [ ] city
- [ ] library

- [ ] library
- [ ] beach

- [ ] park
- [ ] theater

- [ ] city
- [ ] store

우리말을 보고 영어 문장을 완성하세요.
필요할 경우 동사의 모양을 바꾸세요.

주어	동사	부사구 (장소)

1 | | | .
나는 / 공부해요 / 도서관 안에서

2 | | lives | .
그는 / 살아요 / 도시 안에서

3 | | works | .
그녀는 / 일해요 / 상점에서

4 | | draws | .
그녀는 / 그림을 그려요 / 공원에서

5 | | | .
그들은 / 걸어가요 / 극장으로

6 | | drive | .
그들은 / 운전해요 / 바닷가로

STEP 2 문장 만들기

우리말을 영어 문장으로 쓰세요.
필요할 경우 동사의 모양을 바꾸세요.

Word Bank

bank
bakery
market
airport
plane

sell flowers
watch movies
buy a sandwich

1  나는 **공항**에서 **비행기**들을 봐요.

____

2  그는 **은행**으로 걸어가요.

____

3  그녀는 **시장**에서 **꽃**들을 팔아요.

____

4  그녀는 **빵집** 안에서 **샌드위치를** 사요.

____

5  그는 **도서관** 안에서 책들을 읽어요.

____

6  나는 **극장** 안에서 **영화를** 봐요.

____

STEP 3 문장 **확장하기**   설명을 읽고, 우리말을 영어 문장으로 쓰세요.

동작 동사의 형태 변화 2

문장의 주어가 he, she처럼 '나, 너'가 아닌 다른 한 사람이면, 동작 동사 뒤에 -s를 붙이죠. 그런데 **동작 동사가 -s, -ss, -sh, -ch, -x, -o로 끝나면 -es를 붙여야 해요.**

She goes to the market. (그녀는 시장으로 가요.)
He kisses his dog. (그는 그의 강아지에게 뽀뽀해요.)

① 나의 남동생은 극장으로 가요.

_______________________________ to the theater.

② 그가 조심스럽게 손을 씻어요.

_______________________________ his hands carefully.

③ 나의 딸은 그녀의 방 안에서 TV를 봐요.

_______________________________ TV in her room.

서술형   우리말을 보고, 괄호 안의 단어를 사용하여 학교를 소개하는 글을 완성해 보세요.

Welcome to our school!

_______________________________ (classroom)
(우리는 교실에서 공부해요.)

_______________________________ (cafeteria)
(우리는 식당 안에서 점심을 먹어요.)

_______________________________ (library)
(우리는 도서관 안에서 책들을 읽어요.)

Our school is great!

UNIT 09

They go there on foot.

문장의 뼈대에는 '어떻게 하는지'를 알려주는 방법 표현도 붙을 수 있어요. 방법 표현 중 **교통수단을 나타내는 표현은 장소 표현과 자주 함께 쓰이며, <장소＋교통수단>의 순서로 써요.** 교통수단은 보통 '~로'라는 뜻의 by와 함께 써요. 단, '걸어서'란 표현은 on을 써서 on foot으로 표현해요.

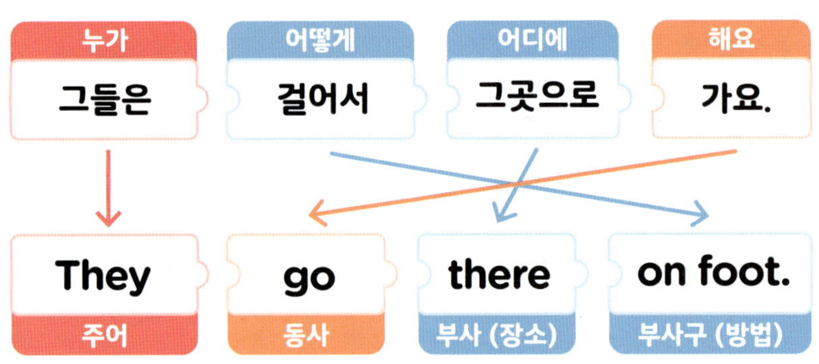

Word Bank 이미지를 보고 알맞은 단어에 체크하세요.

- [ ] bus
- [ ] bike

- [ ] taxi
- [ ] ship

- [ ] bus
- [ ] taxi

- [ ] train
- [ ] bike

- [ ] ship
- [ ] car

- [ ] train
- [ ] car

Tip! 'by＋교통수단' 표현에서 교통수단 앞에는 a나 the를 쓰지 않아요.

우리말을 보고 영어 문장을 완성하세요.
필요할 경우 동사의 모양을 바꾸세요.

주어	동사	부사 (장소)	부사구 (방법)

1 | | | | .
나는 / 가요 / 공원에 / 버스로

2 | | | | .
그녀는 / 가요 / 빵집에 / 자전거로

3 | | | | .
그들은 / 가요 / 극장에 / 택시로

4 | | to church | | .
그는 / 가요 / 교회에 / 자동차로

5 | | to the zoo | | .
그녀는 / 가요 / 동물원에 / 기차로

6 | | to the island | | .
그들은 / 가요 / 섬에 / (큰) 배로

Word Bank

subway
boat
go to school
travel

1.  우리는 걸어서 **학교에 가요**.

2.  나는 비행기로 제주에 **여행 가요**.

3.  그녀는 택시로 동물원에 가요.

4.  그녀는 **지하철**로 공원에 가요.

5.  그는 (작은) 배로 그 섬에 **여행 가요**.

6.  그들은 자전거로 시장에 가요.

STEP 3 문장 **확장하기**

설명을 읽고, 우리말을 영어 문장으로 쓰세요.

동작 동사의 형태 변화 3

주어가 he, she처럼 '나, 너'가 아닌 다른 한 사람일 때는 동사 끝에 -e(s)가 붙어요. 그런데 **동사가 <자음+y>로 끝날 때는 -y를 -i로 바꾸고 -es를 붙여요.** 단, play처럼 **<모음+y>로 끝나는 동사의 경우에는 -s를 붙여요.**

She studies**(← stud**y**) English at school.** (그녀는 학교에서 영어를 공부해요.)
The boy plays**(← pla**y**) in the garden.** (남자아이가 정원에서 놀아요.)

1 아기가 밤에 **울어요.**

The baby ________________ at night.

2 그녀는 뉴욕으로 **비행기를 타고 가요.**

________________ to New York.

3 Sam은 상점에서 빵을 사요.

____

Word Bank

fly
cry

서술형   괄호 안의 단어를 사용하여 대화문을 완성해 보세요.

Jane: How does your brother go to school?

Mike: He ________________. (foot)

Jane: How does your sister go to church?

Mike: She ________________. (bike)

Jane: How does your parents go to work?

Mike: They ________________. (car)

My Day

 수행평가 과제를 확인해 보세요.

주제	나의 하루 일과 소개하기
내용	✔ 기상 시간과 잠드는 시간을 포함하기 ✔ 하루 일과 중에 하는 일 두 가지를 소개하기
조건	✔ 시간 표현이나 장소 표현을 하나 이상 포함하기 ✔ 학교에 갈 때 이용하는 교통수단을 포함하기

예시 답변 **다음 글을 소리 내어 읽으며 따라 써 보세요.**

I **wake up at** seven o'clock.

I go to school on foot.

I study math in the afternoon.

I read a book after dinner.

I **go to bed at** ten o'clock.

Word Bank

☐ wake up 일어나다, 잠에서 깨다 ☐ math 수학 ☐ go to bed 잠자리에 들다

내 답변 아래 표현들을 활용해 내 답변을 완성하고, 그림을 그려 보세요.

I wake up at

I

I

I

I go to bed at

Word Bank

- write in my diary 나의 일기에 쓰다
- play baseball 야구를 하다
- have snacks 간식을 먹다
- play online games 온라인 게임을 하다
- do my homework 나의 숙제를 하다
- take a shower 샤워를 하다
- play basketball 농구를 하다
- watch YouTube 유튜브를 보다
- chat with my parents 나의 부모님과 이야기하다
- go for a walk 산책하러 가다

Checklist 내가 쓴 글을 보며 과제를 잘 했는지 평가해 보세요.

평가 요소		
1. 기상 시간과 잠드는 시간을 포함했나요?	Yes	No
2. 하루 일과 중에 하는 일 두 가지를 소개했나요?	Yes	No
3. 시간, 장소, 교통수단 관련 표현을 포함했나요?	Yes	No
4. 대소문자, 마침표, 철자가 올바른가요?	Yes	No

장소를 말할 때는 in, at, on을 자주 사용하죠. 하지만 이 말들만으로는 의미가 완전하지 않아서 꼭 뒤에 명사가 와야 해요. 그리고 상황에 따라 쓰는 말이 달라져요. in은 어떤 공간 안에 들어가 있을 때 써요. at은 공간이 아닌 딱 정해진 위치나 지점, 근처를 말할 때 써요. on은 어떤 것의 표면에 닿아 있거나 붙어 있을 때 써요. 이런 말이 들어간 문장은 그림으로 떠올려 보면 더 쉽게 기억할 수 있어요.

- 다음 글을 읽고, 떠오르는 장면을 아래 그림에 추가해 완성해 보세요.

Bob is **on** his bed. 

His lizard is **on** his head. 

His toy car is **in** his hand. 

Bob's cat is **at** his feet. 🐱

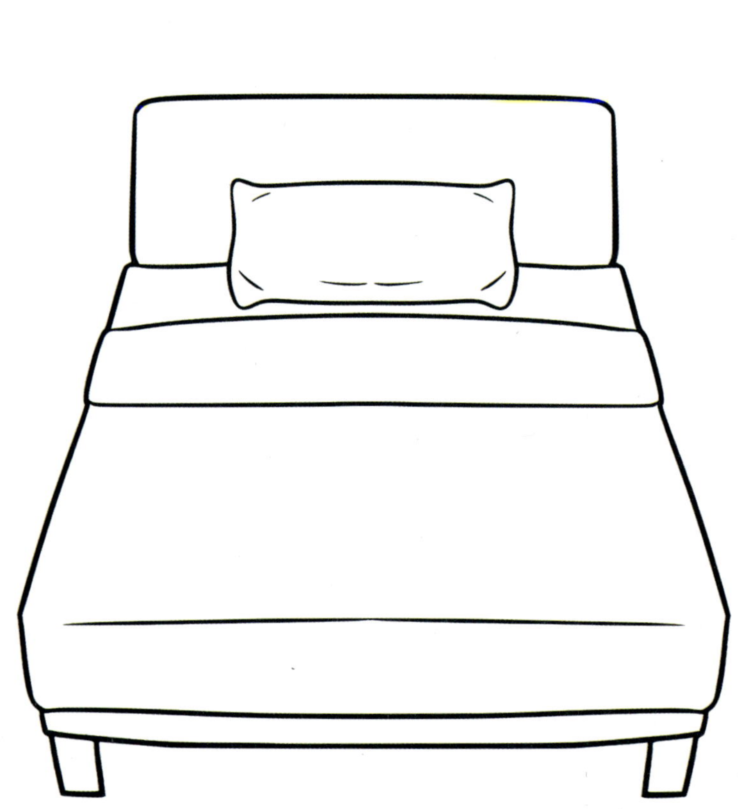

4

다양한 주어

지금까지는 사람이 주어인 문장에서 다양한 동사와 말이 더해져 주어 뒷부분이 길어지는 문장을 배웠어요. 이번에는 주어 자리에 올 수 있는 다양한 형태에 대해 배워볼 거예요. 문장의 주어 자리에는 사람, 동물, 사물처럼 이름을 가지는 모든 대상이 올 수 있어요. 하지만 같은 이름을 여러 번 쓰기 귀찮거나, 이름을 정확히 모를 때는 그것을 가리키는 다른 말로 대신할 수 있어요.

it은 사물이나 동물 하나를 말할 때나, 앞에서 이미 나온 그 이름을 대신 말할 때 써요. 주어 자리에 it이 올 때는 be동사 is를 써서 그것이 무엇인지, 어떤 특징이 있는지, 어디에 있는지 나타낼 수 있어요. 여러 개의 대상이 있을 때는 주어로 they를 쓰는데, they는 사물이나 동물뿐 아니라 사람도 가리킬 수 있고 be동사 are를 써요.

주어	be동사	보어 (명사)
It 그것은	**is** ~예요	**a wolf.** 늑대
주어	be동사	보어 (형용사)
It 그것은	**is** ~해요	**bad.** 나쁜
주어	be동사	부사구 (장소)
They 그들은	**are** ~에 있어요	**in the room.** 방 안에

강의 & 음원

Word Bank 이미지를 보고 알맞은 단어에 체크하세요.   TOPIC: My Toys

- [ ] blocks
- [ ] robot

- [ ] teddy bear
- [ ] toy car

- [ ] soccer ball
- [ ] board game

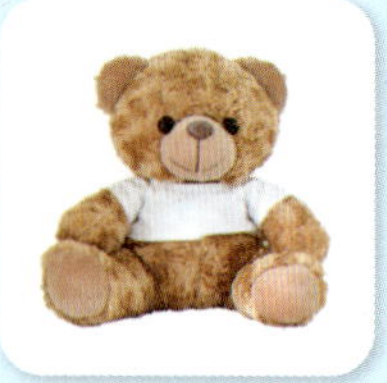

- [ ] soccer ball
- [ ] teddy bear

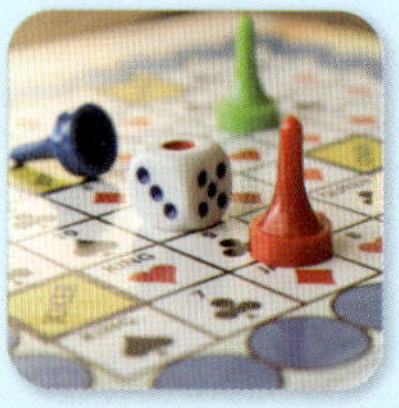

- [ ] board game
- [ ] robot

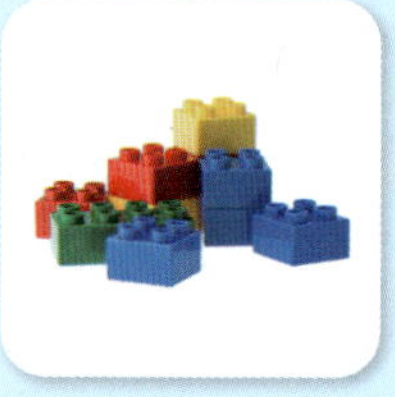

- [ ] toy car
- [ ] blocks

우리말을 보고 영어 문장을 완성하세요.

주어	be동사	보어 (명사)

1 그것은 ~이에요 축구공 .

Tip!
it은 사물이나 동물 하나를 가리킬 때 써요. 그래서 뒤따라오는 사물 또는 동물의 이름 앞에 a(n)을 붙여야 해요.

2 그것은 ~이에요 곰 인형 .

3 그것은 ~예요 장난감 차 .

4 그것들은 ~이에요 블록들 .

Tip!
사물이나 동물 등 여럿을 가리킬 때는 they를 써요. 그래서 뒤따라오는 사물 또는 동물의 이름 뒤에 -(e)s를 붙여야 해요.

5 그것들은 ~이에요 로봇들 .

6 그것들은 ~이에요 보드게임들 .

STEP 2 문장 만들기 우리말을 영어 문장으로 쓰세요.

1 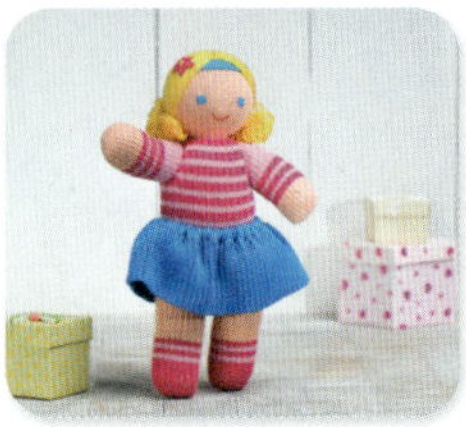

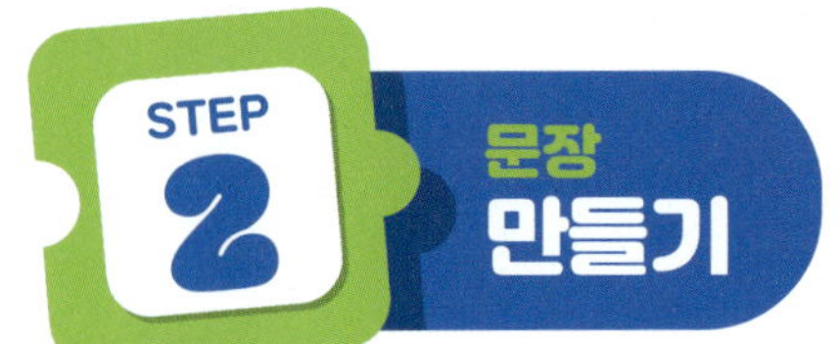

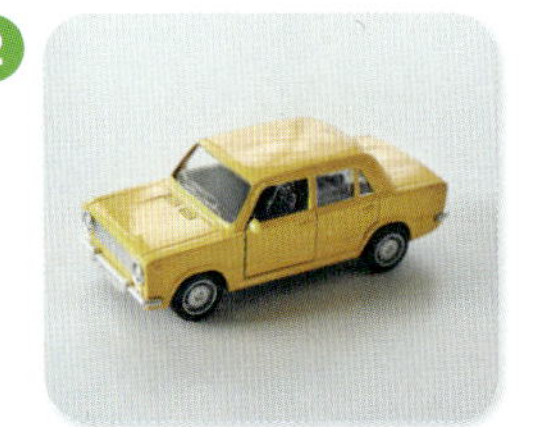

그것은 인형이에요.

2

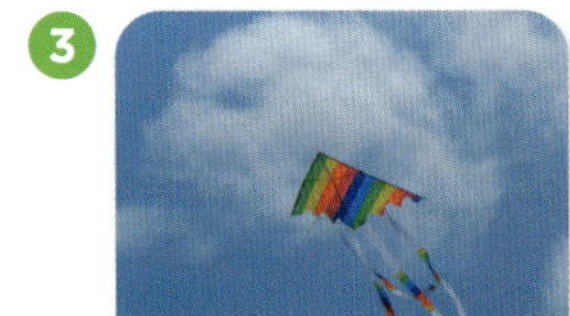

그것은 노란색이에요.

3

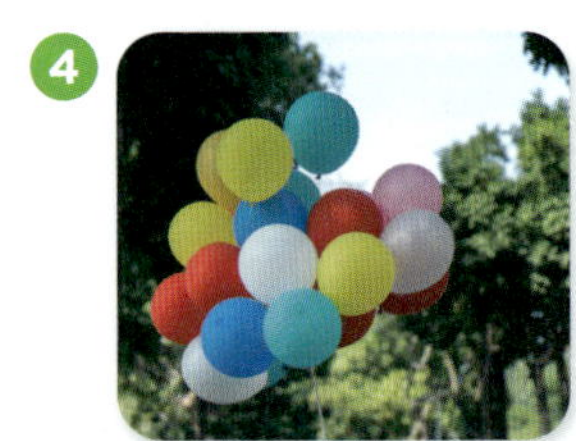

그것은 하늘에 있어요.

Tip! sky(하늘)는 특정한 지점이 아닌 넓은 공간이므로 in the sky라고 써요.

4

그것들은 화려한 풍선들이에요.

5

그것들은 멋져요.

6

그것들은 바닥에 있어요.

Word Bank

balloon
doll
sky

cool
yellow
colorful

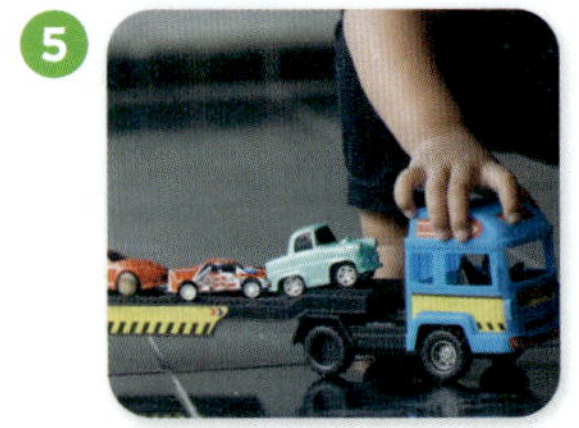

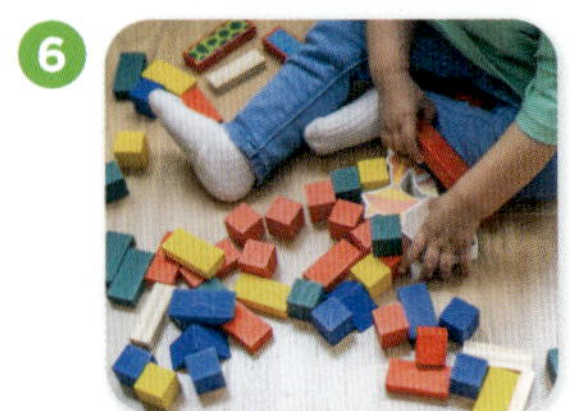

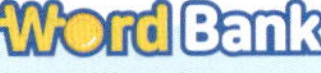

STEP 3 문장 확장하기

설명을 읽고, 우리말을 영어 문장으로 쓰세요.

여러 개의 대상 표현하기

대상이 여러 개일 때는 보통 명사 뒤에 -s를 붙여요. **하지만 -s, -ss, -sh, -ch, -x로 끝나는 명사에는 -es를 붙여야 해요.** 우리말과 달리 영어에서는 대상이 하나인지 혹은 여러 개인지 써주는 것이 매우 중요해요.

They are buses. (그것들은 버스들이에요)   **They are foxes.** (그것들은 여우들이에요)

1 그것들은 **붓**들이에요.

They are ________________ .

2 그것들은 **손목시계**들이에요.

They ________________ .

3 그것들은 **상자**들이에요.

____

Word Bank

watch
brush
box

서술형 우리말을 보고, (보기)의 단어를 사용하여 마트의 광고를 완성해 보세요.

(보기)

colorful   new   have   cheap

Don't miss our sale!

____
(우리는 새로운 손목시계들이 있어요.)

____
(그것들은 화려해요.)

And ________________ .
(그리고 그것들은 저렴해요.)

Come and see them!

UNIT 11

That is Red.

 this는 말하는 사람 가까이에 있는 하나
를 가리킬 때, that은 말하는 사람에게서 멀리 떨어져 있는 하나
를 가리킬 때 사용해요. 그리고 this와 that은 be동사 is와 짝을 이
뤄요.

주어	be동사	보어 (명사)
That 저 아이는	**is** ~예요	**Red.** 빨간 모자
This 이것은	**is** ~예요	**her basket.** 그녀의 바구니

강의 & 음원

W⊙rd Bank 이미지를 보고 알맞은 단어에 체크하세요.

TOPIC: Party Food

- [ ] cake
- [ ] hamburger

- [ ] chicken
- [ ] soup

- [ ] cookie
- [ ] pasta

- [ ] chicken
- [ ] cookie

- [ ] pasta
- [ ] cake

- [ ] soup
- [ ] hamburger

Tip! chicken, pasta, soup처럼 한 개, 두 개로 셀 수 없는 음식은 그 앞에 a를 쓰지 않아요.

우리말을 보고 영어 문장을 완성하세요.

주어	be동사	보어 (명사)

1

이것은	~예요	파스타

2

이것은	~예요	수프

3

이것은	~예요	닭고기

4

저것은	~예요	한 개의 쿠키

5

저것은	~예요	한 개의 햄버거

Tip!
정식 명칭은 hamburger지만 일상에서는 주로 burger로 써요.

6

저것은	~예요	한 개의 케이크

우리말을 영어 문장으로 쓰세요.

Word Bank

sweet
fresh
salty
juicy
soft
spicy

pizza
doughnut
salad
sausage
muffin
steak

1 

이것은 달콤한 머핀 한 개예요.

Tip! 명사를 꾸며줄 때는 <a(n) + 꾸며주는 말 + 명사> 순으로 써요.

2 

저것은 매운 피자 한 판이에요.

3 

저것은 부드러운 도넛 한 개예요.

4 

이것은 짭조름한 소시지 한 개예요.

5 

이것은 신선한 샐러드 한 접시예요.

6 

저것은 육즙이 풍부한 스테이크 한 덩어리예요.

Tip! 음식 종류나 음식 전체를 나타낼 때는 a 없이 쓸 수 있어요.

설명을 읽고, 우리말을 영어 문장으로 쓰세요.

여러 개의 물건이 있을 때

가까이 혹은 멀리 있는 대상이 '하나'가 아닌 **'여러 개'**일 때는 These are(이것들은 ~이에요) 또는
Those are(저것들은 ~이에요)를 써요.

This is a box. → These are boxes. (이것들은 상자들이에요.)
That is a cupcake. → Those are cupcakes. (저것들은 컵케이크들이에요.)

1 이것들은 **곰 모양 젤리**들이에요.

These are ________________________________.

2 저것들은 짭조름한 **간식**들이에요.

____

Word Bank

snack
gummy bear

서술형 우리말을 보고, 괄호 안의 단어를 사용하여 전통 간식 소개 글을 완성해 보세요.
(필요할 경우 단어의 형태를 바꿀 것)

This house is safe.

 그 의미는 주어로 쓰일 때와 같아서 this는 가까운 한 개, that은 멀리 있는 한 개, these는 가까운 여러 개, those는 멀리 있는 여러 개의 명사를 꾸며줄 때 사용해요. a(n)이나 the와 함께 쓸 수 없어요.

주어	be동사	보어 (형용사)
This house 이 집은	**is** ~해요	**safe.** 안전한
These houses 이 집들은	**are** ~해요	**safe.** 안전한

강의 & 음원

Word Bank 이미지를 보고 알맞은 단어에 체크하세요.　　　TOPIC: Sports Items

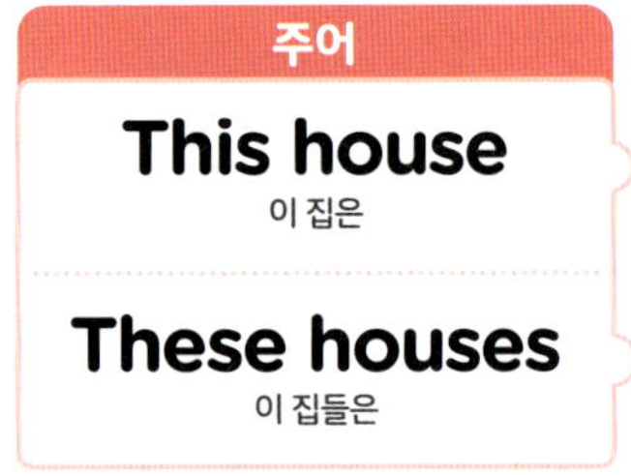
- [ ] bat
- [ ] helmet

- [ ] net
- [ ] gloves

- [ ] bat
- [ ] goggles

- [ ] gloves
- [ ] jump rope

- [ ] net
- [ ] goggles

- [ ] helmet
- [ ] jump rope

Tip! gloves, goggles처럼 두 개가 한 짝으로 된 물건들은 보통 -(e)s를 붙여서 써요.

우리말을 보고 영어 문장을 완성하세요.

주어	be동사	보어 (형용사)

1.

		new
이 방망이는	~해요	새것인

2.

		colorful
저 헬멧은	~해요	(색이) 화려한

3.

		high
저 네트는	~해요	높은

4.

		light
이 줄넘기는	~해요	가벼운

5.

		cool
이 장갑들은	~해요	멋진

6.

		old
저 수경들은	~해요	오래된

우리말을 영어 문장으로 쓰세요.

Word Bank

swimsuit
racket
shoe
basketball
skate

heavy
dirty
small

1  저 농구공은 새것이에요.

____

2  이 신발들은 커요.

____

3  이 수영복은 작아요.

____

4  저 라켓은 무거워요.

____

5  이 헬멧들은 화려해요.

____

6  저 스케이트화들은 지저분해요.

____

STEP 3 문장 확장하기 설명을 읽고, 우리말을 영어 문장으로 쓰세요.

형용사를 꾸며주는 말

동사를 꾸며주는 말을 부사라고 하는데, 이 부사는 형용사 앞에서 형용사를 꾸며줄 수도 있어요. 자주 쓰이는 부사 중에 very는 '매우'라는 뜻이고, too는 '너무 ~하다'라는 다소 부정적인 뜻을 나타내요.

This helmet is very big. (이 헬멧은 매우 커요.)
That bat is too old. (저 방망이는 너무 오래됐어요.)

1 이 케이크는 매우 달콤해요.

This cake is ________________________ .

2 이 장갑들은 너무 커요.

These gloves ________________________ .

3 저 양말들은 너무 작아요.

____

Word Bank

sock

서술형 우리말을 보고, 괄호 안의 단어를 사용하여 손님과 직원의 대화를 완성해 보세요.

Customer: I want a new helmet.

Clerk: How about this helmet?

________________________ (cheap)
(이 헬멧은 매우 저렴해요.)

Customer: Are any bicycles on sale?

Clerk: ________________________ (on sale)
(저 자전거들은 할인 중이에요.)

What's in Your Bag?

과제 확인 수행평가 과제를 확인해 보세요.

주제	내 가방 안에 있는 물건 소개하기
내용	✔ 시작과 마지막 문장을 포함하기 ✔ 가방 안의 물건을 두 가지 이상 소개하기
조건	✔ 주어 자리에 it, they, this, that 등을 사용하기 ✔ 각 물건의 특징을 설명하는 문장을 포함하기

예시 답변 다음 글을 소리 내어 읽으며 따라 써 보세요.

I have many things in my bag.

This is my pencil case. It is heavy.

Those are my key rings.

They are cool.

What do you have in your bag?

Word Bank

- [ ] many 많은
- [ ] thing 물건
- [ ] pencil case 필통
- [ ] key ring 열쇠고리

정답 15쪽

I have many things in my bag.

This/These

It/They

That/Those

It/They

What do you have in your bag?

Word Bank

- ☐ eraser 지우개
- ☐ glue 풀
- ☐ thick 두꺼운
- ☐ hard 딱딱한
- ☐ scissors 가위
- ☐ folder 서류철
- ☐ sharp 날카로운
- ☐ sticky 끈적끈적한

Checklist

내가 쓴 글을 보며 과제를 잘 했는지 평가해 보세요.

평가 요소		
1. 내 가방 안의 물건을 두 가지 이상 소개했나요?	☐ Yes	☐ No
2. 주어 자리에 it, they, this, that 등을 사용했나요?	☐ Yes	☐ No
3. 물건의 특징을 설명하는 문장을 포함했나요?	☐ Yes	☐ No
4. 대소문자, 마침표, 철자가 올바른가요?	☐ Yes	☐ No

미국은 파티 문화가 발달한 나라예요. 그중 Potluck Party가 유명한데요, 주최자는 장소와 그릇만 준비하고 참가자들이 음식을 가져와 함께 나누어 먹는 방식이에요. Potluck은 '냄비(pot)의 행운(luck)'이라는 뜻이에요. 이 말은 오래전 영국에서 유래되었어요. 손님이 갑자기 집에 찾아오면, 냄비에 남아 있는 음식을 꺼내 나누어 주면서 "The luck of the pot(냄비의 행운)"이라고 말했대요. 이 표현이 지금의 Potluck Party로 이어진 거예요.

● **다음 potluck party 그림 속에 숨겨진 세계 음식 5가지를 찾아보세요.**

kimbap, taco, onigiri, macaron, scone

정답 21쪽

누적 테스트

 괄호 안의 단어를 배열하여 문장을 완성하세요.

1. 나는 읽어요. (read, I)

2. 나는 그림을 그려요. (I, draw)

3. 나는 박쥐를 봐요. (see, I, bat, a)

4. 오리는 수영할 수 있어요. (can, swim, ducks)

5. 우리는 커다란 곰을 봐요. (bear, we, big, see, a)

B 보기의 단어를 사용하여 우리말을 영어 문장으로 쓰세요.

보기
lions
tiger
small
write
rabbit

6. 나는 토끼를 봐요.

7. 사자들은 달릴 수 있어요.

8. 나는 호랑이를 볼 수 있어요.

9. 우리는 글을 쓸 수 있어요.

10. 나는 작은 고양이를 봐요.

C 밑줄 친 부분을 바르게 고쳐 문장을 다시 쓰세요.

11 <u>Can I</u> read.

12 We see <u>an</u> rabbit.

13 <u>See we</u> a cute monkey.

14 I see <u>cute a dog</u>.

15 I <u>a panda see</u>.

D 우리말을 영어 문장으로 쓰세요.

16 우리는 노래해요. (sing)

17 나는 원숭이를 봐요. (monkey)

18 나는 읽을 수 있어요. (read)

19 우리는 요리할 수 있어요. (cook)

20 나는 나이 든 코끼리를 봐요. (old)

 괄호 안의 단어를 배열하여 문장을 완성하세요.

1 나는 글을 천천히 써요. (write, I, slowly)

2 나는 호랑이를 봐요. (a, see, tiger, I)

3 오리들이 수영해요. (swim, ducks)

4 그들은 춤을 잘 춰요. (dance, they, well)

5 나는 저녁을 일찍 먹어요. (eat, I, early, dinner)

B 보기의 단어를 사용하여 우리말을 영어 문장으로 쓰세요.

보기

speak
cat
run
slowly
panda

6 우리는 고양이를 봐요.

7 강아지들이 빠르게 달려요.

8 나는 큰 소리로 말해요.

9 너는 판다를 볼 수 있어.

10 그는 천천히 걸어요.

C 밑줄 친 부분을 바르게 고쳐 문장을 다시 쓰세요.

11 I <u>fast eat</u> lunch.

12 She <u>a dog sees</u>.

13 I <u>flowers draw</u>.

14 He <u>well cooks</u>.

15 My mom <u>walk</u> fast.

D 우리말을 영어 문장으로 쓰세요.

16 너는 노래할 수 있어. (sing)

17 우리는 귀여운 토끼를 봐요. (rabbit)

18 그들은 저녁을 늦게 먹어요. (late)

19 나의 남동생은 잠을 깊게 자요. (deeply)

20 우리는 이야기책들을 큰 소리로 읽어요. (storybook)

 괄호 안의 단어를 배열하여 문장을 완성하세요.

1 그녀는 나의 어머니예요. (mother, my, she, is)

2 나는 춤출 수 있어요. (dance, can, I)

3 그는 잠을 깊게 자요. (deeply, sleeps, he)

4 그녀는 나의 누나예요. (is, my, she, sister)

5 그는 우리의 친구예요. (is, friend, our, he)

 보기의 단어를 사용하여 우리말을 영어 문장으로 쓰세요.

보기
grandmother
lion
carefully
fast
grandson

6 그는 나의 손자예요.

7 나는 조심스럽게 걸어요.

8 나의 사촌은 수영을 빨리 해요.

9 나는 커다란 사자를 봐요.

10 그녀는 나의 할머니예요.

C 밑줄 친 부분을 바르게 고쳐 문장을 다시 쓰세요.

⑪ My son <u>cook can</u>.

⑫ Linda <u>is a my</u> daughter.

⑬ I <u>sees</u> a young elephant.

⑭ My dad <u>eat</u> fast.

⑮ He <u>are</u> my grandfather.

D 우리말을 영어 문장으로 쓰세요.

⑯ 그는 나의 삼촌이에요. (uncle)

⑰ James는 그의 아빠예요. (dad)

⑱ 그녀는 친절하게 말해요. (kindly)

⑲ 나는 작은 돼지를 봐요. (small)

⑳ Jack은 그녀의 개예요. (dog)

A 괄호 안의 단어를 배열하여 문장을 완성하세요.

❶ 나는 조용해요. (quiet, am, I)

❷ 나는 글을 쓸 수 있어요. (write, can, I)

❸ 나의 딸은 똑똑해요. (is, smart, daughter, my)

❹ Alice는 그의 여동생이에요. (sister, is, his, Alice)

❺ 그녀는 이야기책들을 큰 소리로 읽어요. (reads, loudly, she, storybooks)

B 보기의 단어를 사용하여 우리말을 영어 문장으로 쓰세요.

보기
kind
lazy
old
loud
friend

❻ 그녀는 게을러요.

❼ 그는 나의 친구예요.

❽ 그녀는 나이 든 곰을 봐요.

❾ 나의 할아버지는 친절해요.

❿ 너희들은 시끄러워.

C 밑줄 친 부분을 바르게 고쳐 문장을 다시 쓰세요.

11 You are <u>carefully</u>.

12 I see <u>a</u> elephant.

13 He <u>are</u> rude.

14 My dad <u>are</u> funny.

15 They <u>is</u> my cousins.

D 우리말을 영어 문장으로 쓰세요.

16 우리들은 수영할 수 있어요. (swim)

17 그녀는 솔직해요. (honest)

18 나의 고모는 수줍음이 많아요. (aunt)

19 Ben은 그녀의 삼촌이에요. (uncle)

20 나의 남동생은 잘 먹어요. (well)

A 괄호 안의 단어를 배열하여 문장을 완성하세요.

1 그녀는 노래해요. (sings, she)

2 그는 고양이를 봐요. (sees, he, cat, a)

3 나의 엄마는 조심스러워요. (mom, careful, is, my)

4 그는 부엌에 있어요. (is, in, he, kitchen, the)

5 그 샌드위치는 냉장고 안에 있어요. (is, the, sandwich, fridge, in, the)

B 〈보기〉의 단어를 사용하여 우리말을 영어 문장으로 쓰세요.

〈보기〉
daughter
closet
yard
bathroom
brave
hat

6 그는 용감해요.

7 그들은 욕실에 있어요.

8 나의 친구들은 마당에 있어요.

9 그녀는 나의 딸이 아니에요.

10 나의 모자는 옷장 안에 있어요.

C 밑줄 친 부분을 바르게 고쳐 문장을 다시 쓰세요.

11 My cat <u>are</u> in the room.

12 Alice <u>not is</u> my grandmother.

13 We are <u>in</u> the floor.

14 She <u>dinner eats</u> slowly.

15 We <u>not are</u> on the sofa.

D 우리말을 영어 문장으로 쓰세요.

16 나의 손자는 귀여워요. (grandson)

17 나의 손녀는 의자에 있어요. (granddaughter)

18 박쥐들은 똑똑해요. (smart)

19 나는 잠을 늦게 자요. (late)

20 나는 코끼리를 볼 수 있어요. (elephant)

A 괄호 안의 단어를 배열하여 문장을 완성하세요.

❶ 그녀는 아침에 달려요. (runs, she, morning, the, in)

❷ 그들은 부엌에 있지 않아요. (not, they, in, are, kitchen, the)

❸ 나는 큰 소리로 노래할 수 있어요. (sing, loudly, can, I)

❹ 그는 낮 12시에 낮잠을 자요. (takes, at, naps, noon, he)

❺ 그는 저녁 식사 전에 게임을 해요. (games, before, he, plays, dinner)

B 보기의 단어를 사용하여 우리말을 영어 문장으로 쓰세요.

보기
smart
school
stairs
April
book
plant

❻ 그것은 나의 책이에요.

❼ 나의 딸은 똑똑해요.

❽ 고양이 한 마리가 계단 위에 있어요.

❾ 우리는 4월에 나무들을 심어요.

❿ 그들은 학교 끝나고 축구를 해요.

C 밑줄 친 부분을 바르게 고쳐 문장을 다시 쓰세요.

11 I see <u>a</u> old lion.

12 My grandfather <u>sleep</u> well.

13 They <u>is</u> not in the living room.

14 She draws <u>on</u> the afternoon.

15 My dad <u>don't</u> travel in summer.

D 우리말을 영어 문장으로 쓰세요.

16 그는 잠을 깊게 잘 수 있어요. (deeply)

17 그는 솔직해요. (honest)

18 나는 아침에 수영을 하지 않아요. (swim)

19 그는 점심 식사 전에 그의 손을 씻어요. (wash)

20 그의 강아지는 마당에 있지 않아요. (yard)

A 괄호 안의 단어를 배열하여 문장을 완성하세요.

1 나의 여동생은 귀여워요. (cute, my, is, sister)

2 그들은 은행으로 걸어가요. (walk, bank, the, they, to)

3 그녀는 공원에서 그림을 그려요. (at, the, draws, she, park)

4 그녀는 어린이날에 여행 가요. (on, she, travels, Children's Day)

5 그 샌드위치는 냉장고 안에 있어요. (the, is, sandwich, fridge, the, in)

B 보기의 단어를 사용하여 우리말을 영어 문장으로 쓰세요.

보기

theater

library

morning

rest

fast

6 나는 오후에 쉬어요.

7 나의 삼촌은 수영을 빨리 해요.

8 우리는 도서관 안에서 책들을 읽어요.

9 나는 아침에 공부하지 않아요.

10 그녀는 극장으로 걸어가요.

C 밑줄 친 부분을 바르게 고쳐 문장을 다시 쓰세요.

⑪ Ducks can <u>walks</u>.

⑫ They <u>sees</u> a small panda.

⑬ He reads <u>to</u> the library.

⑭ My dad is <u>on</u> the garden.

⑮ My son <u>watch</u> TV in his room.

D 우리말을 영어 문장으로 쓰세요.

⑯ 그는 그녀의 친구예요. (friend)

⑰ 너는 친절해. (kind)

⑱ 나의 엄마는 시장에서 꽃들을 사요. (market)

⑲ 우리는 극장 안에서 영화들을 봐요. (watch)

⑳ 그녀는 바닷가로 운전해요. (beach)

 괄호 안의 단어를 배열하여 문장을 완성하세요.

1 나의 남동생은 게을러요. (is, brother, lazy, my)

2 우리는 커다란 곰을 봐요. (big, a, see, bear, we)

3 나는 택시로 교회에 가요. (church, by, I, go, to, taxi)

4 그는 책을 빠르게 읽어요. (reads, he, fast, books)

5 그들은 버스로 공원에 가요. (by, they, to, park, go, the, bus)

B 보기의 단어를 사용하여 우리말을 영어 문장으로 쓰세요.

보기

ship
cry
subway
island
train
grandson
travel

6 우리는 (큰) 배로 그 섬에 여행 가요.

7 Steve는 그의 손자예요.

8 그 아기가 밤에 울어요.

9 그는 지하철로 은행에 가요.

10 그들은 기차로 동물원에 가요.

C 밑줄 친 부분을 바르게 고쳐 문장을 다시 쓰세요.

11 She goes to the bakery <u>by</u> foot.

12 He <u>don't</u> take naps in the afternoon.

13 She <u>washs</u> her hands carefully.

14 Minju <u>fly</u> to New York.

15 They go to the park <u>of</u> car.

D 우리말을 영어 문장으로 쓰세요.

16 나의 할아버지는 침착하세요. (calm)

17 그들은 자전거로 학교에 가요. (bike)

18 그녀는 계단에 있지 않아요. (stairs)

19 그녀는 비행기로 제주에 여행 가요. (plane)

20 우리는 걸어서 시장에 가요. (market)

A 괄호 안의 단어를 배열하여 문장을 완성하세요.

1 그것은 자전거예요. (is, a, it, bike)

2 그것들은 사자예요. (are, lions, they)

3 그것들은 식탁 위에 있어요. (the, on, they, are, table)

4 그는 천천히 먹어요. (slowly, he, eats)

5 그들은 거실에 있어요. (the, are, room, living, in, they)

B 보기의 단어를 사용하여 우리말을 영어 문장으로 쓰세요.

보기

calm
room
cafeteria
cool
sandwich

6 그것은 멋져요.

7 나의 아빠는 침착해요.

8 그것은 방 안에 있어요.

9 그것들은 샌드위치들이에요.

10 우리는 식당 안에서 점심을 먹어요.

C 밑줄 친 부분을 바르게 고쳐 문장을 다시 쓰세요.

11 John is <u>my a</u> brother.

12 They are <u>brushs</u>.

13 They go to school <u>by</u> foot.

14 My son sleeps <u>at</u> his room.

15 He plays games <u>at</u> the afternoon.

D 우리말을 영어 문장으로 쓰세요.

16 그것은 화려해요. (colorful)

17 그것들은 하늘에 있어요. (sky)

18 나의 개는 계단에 있어요. (stairs)

19 나의 엄마는 자동차로 회사에 가요. (work)

20 우리는 (작은) 배로 그 섬에 가요. (island)

괄호 안의 단어를 배열하여 문장을 완성하세요.

1 저것은 파스타예요. (pasta, that, is)

2 그것들은 인형들이에요. (are, they, dolls)

3 이것은 신선한 샐러드 한 접시예요. (a, is, salad, fresh, this)

4 이것들은 달콤한 케이크들이에요. (cakes, these, sweet, are)

5 나는 햄버거를 먹을 수 있어요. (eat, can, hamburger, a, I)

보기의 단어를 사용하여 우리말을 영어 문장으로 쓰세요.

보기
teddy bear
colorful
toy car
library
doughnut

6 그것들은 곰 인형들이에요.

7 이것은 장난감 차예요.

8 나는 도서관에 버스로 가요.

9 저것들은 화려한 쿠키들이에요.

10 이것들은 부드러운 도넛들이에요.

C 밑줄 친 부분을 바르게 고쳐 문장을 다시 쓰세요.

11 That <u>are</u> a cake.

12 They have new <u>watchs</u>.

13 My mom <u>walk</u> slowly.

14 My grandfather is <u>on</u> the bathroom.

15 I <u>doesn't</u> take naps in the afternoon.

D 우리말을 영어 문장으로 쓰세요.

16 저것은 짭조름한 피자 한 판이에요. (salty)

17 저것은 스테이크 한 덩어리가 아니에요. (steak)

18 그는 그 도시 안에서 살지 않아요. (city)

19 이것들은 나의 보드게임들이에요. (board game)

20 나의 이모는 지하철로 공원에 가요. (subway)

A 괄호 안의 단어를 배열하여 문장을 완성하세요.

1 이 방망이는 오래됐어요. (bat, this, is, old)

2 저 라켓은 새것이에요. (racket, that, is, new)

3 그것들은 상자 안에 있어요. (are, in, they, box, the)

4 이것들은 곰 모양 젤리들이에요. (are, bears, these, gummy)

5 저 수경들은 너무 커요. (big, those, are, goggles, too)

B 보기의 단어를 사용하여 우리말을 영어 문장으로 쓰세요.

보기

funny
dirty
cousin
market
noon

6 나는 낮 12시에 점심을 먹어요.

7 그녀는 그의 사촌이에요.

8 그는 매우 웃겨요.

9 이 스케이트화들은 지저분해요.

10 그들은 버스로 시장에 가요.

C 밑줄 친 부분을 바르게 고쳐 문장을 다시 쓰세요.

11 The baby sleeps well <u>in</u> night.

12 <u>This glove</u> are small.

13 That helmet is <u>big very</u>.

14 This is a sweet rice <u>cakes</u>.

15 She <u>fast reads books</u>.

D 우리말을 영어 문장으로 쓰세요.

16 그것들은 쿠키들이에요. (cookies)

17 그것은 신선한 샐러드 한 접시예요. (fresh)

18 저 파스타는 매우 매워요. (spicy)

19 우리는 자동차로 극장에 가요. (theater)

20 저 양말들은 너무 커요. (sock)

어휘 리스트

UNIT 01 - 12

UNIT 01 — I sing.

- [ ] **eat** — 동 먹다
- [ ] **walk** — 동 걷다
- [ ] **sleep** — 동 자다
- [ ] **play** — 동 놀다
- [ ] **swim** — 동 수영하다
- [ ] **dance** — 동 춤추다
- [ ] **draw** — 동 그림을 그리다
- [ ] **speak** — 동 말하다
- [ ] **cook** — 동 요리하다
- [ ] **read** — 동 읽다
- [ ] **run** — 동 달리다
- [ ] **write** — 동 글을 쓰다

UNIT 02 — I see a wolf.

- [ ] **dog** — 명 개
- [ ] **tiger** — 명 호랑이
- [ ] **cat** — 명 고양이
- [ ] **bear** — 명 곰
- [ ] **bat** — 명 박쥐
- [ ] **duck** — 명 오리
- [ ] **monkey** — 명 원숭이

- [ ] **rabbit** — 명 토끼
- [ ] **lion** — 명 사자
- [ ] **panda** — 명 판다
- [ ] **elephant** — 명 코끼리
- [ ] **pig** — 명 돼지
- [ ] **old** — 형 나이 든
- [ ] **big** — 형 커다란
- [ ] **young** — 형 어린

UNIT 03 — I speak kindly.

- [ ] **loudly** — 부 시끄럽게, 큰 소리로
- [ ] **carefully** — 부 조심스럽게
- [ ] **late** — 부 늦게
- [ ] **fast** — 부 빠르게
- [ ] **early** — 부 일찍
- [ ] **slowly** — 부 천천히
- [ ] **well** — 부 잘
- [ ] **deeply** — 부 깊게
- [ ] **easily** — 부 쉽게
- [ ] **flower** — 명 꽃
- [ ] **storybook** — 명 이야기책

04 She is my grandmother.

- [ ] **mother** 명 어머니
- [ ] **father** 명 아버지
- [ ] **brother** 명 남동생, 오빠, 형
- [ ] **daughter** 명 딸
- [ ] **grandfather** 명 할아버지
- [ ] **son** 명 아들
- [ ] **cousin** 명 사촌
- [ ] **sister** 명 여동생, 언니, 누나
- [ ] **aunt** 명 이모, 고모, 숙모
- [ ] **uncle** 명 삼촌, 이모부, 고모부
- [ ] **grandson** 명 손자
- [ ] **granddaughter** 명 손녀

UNIT 05 She is kind.

- [ ] **funny** 형 웃기는
- [ ] **calm** 형 침착한
- [ ] **brave** 형 용감한
- [ ] **quiet** 형 조용한
- [ ] **shy** 형 수줍음이 많은
- [ ] **smart** 형 똑똑한
- [ ] **nice** 형 착한, 친절한

- [ ] **rude** 형 예의가 없는
- [ ] **lazy** 형 게으른
- [ ] **loud** 형 시끄러운
- [ ] **careful** 형 조심스러운
- [ ] **honest** 형 솔직한, 정직한

UNIT 06 She is in her bed.

- [ ] **kitchen** 명 부엌
- [ ] **bedroom** 명 침실
- [ ] **sofa** 명 소파
- [ ] **floor** 명 (실내의) 바닥
- [ ] **bathroom** 명 욕실
- [ ] **yard** 명 마당
- [ ] **chair** 명 의자
- [ ] **room** 명 방
- [ ] **garden** 명 정원
- [ ] **stair** 명 계단
- [ ] **living room** 거실

UNIT 07 He arrives in the afternoon.

- [ ] **morning** 명 아침
- [ ] **night** 명 밤

☐ **evening**	몡 저녁	
☐ **Children's Day**	어린이날	
☐ **noon**	몡 낮 12시, 정오	
☐ **winter**	몡 겨울	
☐ **play soccer**	축구를 하다	
☐ **play games**	게임을 하다	
☐ **eat bread**	빵을 먹다	
☐ **wash my hands**	나의 손을 씻다	
☐ **plant trees**	나무를 심다	
☐ **take naps**	낮잠을 자다	
☐ **before lunch**	점심 식사 전에	
☐ **after school**	학교 끝난 후에	
☐ **in April**	4월에	
☐ **on the weekend**	주말에	
☐ **study**	동 공부하다	

UNIT 08 — Red walks to the bed.

☐ **store**	몡 상점, 가게
☐ **theater**	몡 극장
☐ **library**	몡 도서관
☐ **beach**	몡 바닷가, 해변
☐ **park**	몡 공원
☐ **city**	몡 도시

☐ **bank**	몡 은행
☐ **bakery**	몡 빵집
☐ **market**	몡 시장
☐ **airport**	몡 공항
☐ **plane**	몡 비행기
☐ **sell flowers**	꽃을 팔다
☐ **watch movies**	영화를 보다
☐ **buy a sandwich**	샌드위치를 사다

UNIT 09 — They go there on foot.

☐ **bike**	몡 자전거
☐ **taxi**	몡 택시
☐ **bus**	몡 버스
☐ **train**	몡 기차
☐ **ship**	몡 (큰) 배
☐ **car**	몡 자동차
☐ **subway**	몡 지하철
☐ **boat**	몡 (작은) 배, 보트
☐ **go to school**	학교에 가다
☐ **travel**	동 여행하다
☐ **fly**	동 비행기를 타고 가다
☐ **cry**	동 울다

UNIT 10 — It is a wolf.

- robot — 몡 로봇
- toy car — 장난감 차
- soccer ball — 축구공
- teddy bear — 곰 인형
- board game — 보드게임
- block — 몡 블록
- balloon — 몡 풍선
- doll — 몡 인형
- sky — 몡 하늘
- cool — 혱 멋진
- yellow — 혱 노란색의
- colorful — 혱 화려한
- watch — 몡 손목시계
- brush — 몡 붓
- box — 몡 상자

UNIT 11 — That is Red.

- hamburger — 몡 햄버거
- chicken — 몡 닭고기
- pasta — 몡 파스타
- cookie — 몡 쿠키
- cake — 몡 케이크
- soup — 몡 수프
- sweet — 혱 달콤한, 단
- fresh — 혱 신선한
- salty — 혱 짭조름한, 짠 맛의
- juicy — 혱 육즙이 풍부한
- soft — 혱 부드러운
- spicy — 혱 매운
- pizza — 몡 피자
- doughnut — 몡 도넛
- salad — 몡 샐러드
- sausage — 몡 소시지
- muffin — 몡 머핀
- steak — 몡 스테이크
- snack — 몡 간식
- gummy bear — 곰 모양의 젤리

UNIT 12 — This house is safe.

- helmet — 몡 헬멧
- net — 몡 네트
- bat — 몡 방망이
- gloves — 몡 장갑
- goggles — 몡 수경(물안경)

☐	**jump rope**	줄넘기
☐	**swimsuit**	몡 수영복
☐	**racket**	몡 라켓
☐	**shoe**	몡 신발
☐	**basketball**	몡 농구공, 농구
☐	**skate**	몡 스케이트화
☐	**heavy**	혱 무거운
☐	**dirty**	혱 지저분한, 더러운
☐	**small**	혱 작은
☐	**sock**	몡 양말

MEMO

대한민국 초등 어휘서의 기준

체계적인 쓰기 훈련으로 초등 어휘 완성

* 휴대용 미니북 별책 제공

시리즈 구성

초등	중등
초등 기본	중등 기본
초등 필수	중등 필수
	중등 고난도
	중등 숙어

고등	어원편
고등 기본	어원편 중등
수능 필수	어원편 고등
수능 고난도	

1 새 교육과정에 따른 쓰기 활동 강화

단어 및 문장 쓰기 활동을 통한
암기력 향상과 쓰기 자신감 강화

2 반복 학습이 가능한 체계적인 설계

예문 내 어휘 누적 제시와 누적 테스트를 통한
반복 훈련으로 학습 완성도 향상

3 다양한 부가자료 및 디지털 서비스

빈틈없는 암기 학습을 위한 휴대용 미니북 및
효율적 학습을 위한 디지털 서비스 제공

BOOK LIST

도/서/목/록

초등 초등영어 된다 시리즈

초등영어 리딩이 된다

교과 내용을 영어로 쉽고 재미있게
학습하는 초등 독해서
START 1 | 2 | 3 | 4
BASIC 1 | 2 | 3 | 4
JUMP 1 | 2 | 3 | 4

초등영어 문법이 된다

초등 교육과정을 기반으로 한 영문법 학습서
Starter 1 | Starter 2 | 1 | 2

초등영어 단어가 된다

교육부 권장 초등 필수 영단어 학습서
1 | 2 | 3 | 4

초등영어 파닉스가 된다

알파벳 음가 블랜딩 연습을 통해
읽기 유창성을 기르는 파닉스 학습서
1 | 2

초등영어 사이트 워드가 된다

영어 읽기 독립을 위한 사이트 워드 학습서
1 | 2

독해

Reading TUTOR 리딩튜터

체계적인 초·중·고등 독해 프로그램
Starter 1 | 2 | 3
Junior 1 | 2 | 3 | 4
Challenger 1 | 2 | 3

달곰한 LITERACY (Reading)

초등학생을 위한 문해력 기본서
LEVEL 1 | 2 | 3
LEVEL 4 | 5 | 6

READING BUDDY

초등학생을 위한 독해 입문서
1 | 2 | 3
Grammar Buddy

어휘

능률 VOCA

대한민국 어휘서의 표준
초등 기본 | 초등 필수
중등 기본 | 중등 필수
중등 고난도 | 중등 숙어
고등 기본 | 수능 필수 | 수능 고난도
어원편 중등 | 고등

달콤한

SENTENCE WRITING

정답

NE능률

달곰한

SENTENCE WRITING

정답

UNIT 01

I sing.

우리말에서는 '노래해요' 또는 '놀아요'처럼 누가 무슨 동작을 하는지 상황을 통해 알 수 있으면 '누가'는 자주 생략해요. **하지만 영어에서는 누가 그 동작을 하는지 꼭 말해야 하고, '누가'와 '해요'가 짝꿍처럼 늘 함께 있어야 해요.** 영어 문장은 <주어 + 동사>의 순서로 시작한다는 점을 기억하세요.

누가	해요
(나는)	노래해요.
↓	↓
I	sing.
주어	동사

Word Bank 이미지를 보고 알맞은 단어에 체크하세요.

TOPIC: Weekend Activities

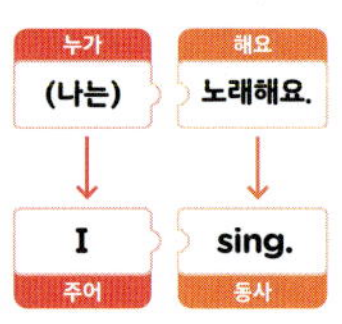

- ☑ eat / ☐ swim
- ☐ dance / ☑ walk
- ☑ sleep / ☐ play
- ☐ eat / ☑ play
- ☑ swim / ☐ walk
- ☑ dance / ☐ sleep

STEP 1 문장 익히기

우리말을 보고 영어 문장을 완성하세요.

주어	동사

Tip! I는 '나는, 내가'라는 뜻으로, 말하는 사람이 자기 자신에 대해 말할 때 문장의 주인공인 주어로 쓰여요.

1. I / play — 나는 / 놀아요
2. I / walk — 나는 / 걸어요
3. I / dance — 나는 / 춤춰요
4. I / swim — 나는 / 수영해요
5. I / sleep — 나는 / 자요
6. I / eat — 나는 / 먹어요

STEP 2 문장 만들기

우리말을 영어 문장으로 쓰세요.

Word Bank
draw
speak
cook
read
run
write

1.  나는 읽어요.
   I read.
   Tip! 문장의 마지막에 마침표를 붙이는 것을 잊지 마세요.

2. 나는 말해요.
   I speak.

3. 나는 달려요.
   I run.

4. 나는 요리해요.
   I cook.

5. 나는 글을 써요.
   I write.
   Tip! write(글을 쓰다)처럼 '무엇을'에 해당하는 의미가 포함된 동사도 있어요.

6.  나는 그림을 그려요.
   I draw.
   Tip! 각 문장의 마지막에 마침표를 모두 붙였는지 확인해 보세요.

STEP 3 문장 확장하기

설명을 읽고, 우리말을 영어 문장으로 쓰세요.

정답 2쪽

능력 표현하기

'~할 수 있다'라는 능력을 표현할 때, 동작 동사 앞에 can을 붙여요. <주어 + can + 동작 동사>의 순서를 기억하세요.

I **can** cook. (나는 요리할 수 있어요.)
I **can** read. (나는 읽을 수 있어요.)

1. 나는 수영할 수 있어요.
   I can ___**swim**___.

2. 나는 글을 쓸 수 있어요.
   I ___**can write**___.

3. 나는 그림을 그릴 수 있어요.
   I can draw.

서술형

우리말을 보고, Ella의 자기소개를 완성해 보세요.

Hi, I'm Ella. (안녕, 나는 엘라예요.)
I love music. (나는 음악을 좋아해요.)
I sing. (나는 노래해요.)
I dance. (나는 춤춰요.)
I will be a pop star. (나는 인기 가수가 될 거예요.)

UNIT 02

I see a wolf.

'I eat.'처럼 영어 문장에서 '주어(누가)'와 '동사(해요)'는 항상 짝처럼 함께 다녀요. 이때, **I eat lunch.(나는 점심을 먹어요.)**'처럼 **동작의 대상이 되는 말인 목적어가 동작 동사 뒤에 올 수 있어요.** 우리말에서는 동사가 문장의 맨 끝에 오지만, 영어에서는 목적어가 동사 뒤에 온다는 점이 달라요.

누가	무엇을	해요
(나는)	늑대를	봐요.

주어	동사	목적어
I	see	a wolf.

Word Bank 이미지를 보고 알맞은 단어에 체크하세요.

TOPIC: Animals

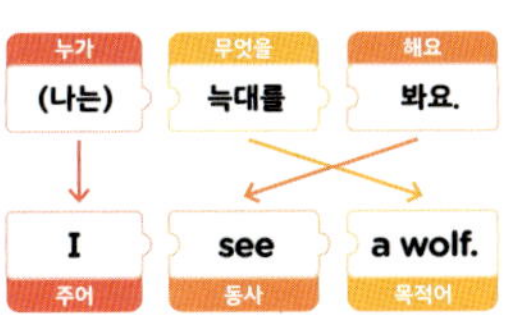

- [ ] a bat
- [x] a dog

- [x] a tiger
- [ ] a duck

- [x] a cat
- [ ] a bear

- [x] a bear
- [ ] a tiger

- [ ] a cat
- [x] a bat

- [ ] a dog
- [x] a duck

Tip! a는 어떤 '것이 '하나' 일 때 쓰는 말이에요. '하나의'라고 따로 해석하지 않아도 돼요.

STEP 1 문장 익히기

우리말을 보고 영어 문장을 완성하세요.

주어	동사	목적어

1. I (나는) / see (봐요) / a dog (강아지를).

2. I (나는) / see (봐요) / a cat (고양이를).

3. You (너는) / see (본다) / a duck (오리를).

> Tip! you는 '너는, 당신은'이란 뜻으로, 말을 듣는 상대방을 가리켜요.

4. You (너는) / see (본다) / a bear (곰을).

5. We (우리는) / see (봐요) / a bat (박쥐를).

> Tip! we는 '우리는'이란 뜻으로, 나와 다른 사람들을 함께 말할 때 문장의 주어로 쓰여요.

6. We (우리는) / see (봐요) / a tiger (호랑이를).

STEP 2 문장 만들기

우리말을 영어 문장으로 쓰세요.

Word Bank
monkey
rabbit
lion
panda
elephant
pig

1.  나는 돼지를 봐요.

   I see a pig.

   Tip! 동물이 한 마리일 때 동물 앞에 a를 붙이는 것을 잊지 마세요.

2. 나는 사자를 봐요.

   I see a lion.

3. 우리는 판다를 봐요.

   We see a panda.

4. 나는 원숭이를 봐요.

   I see a monkey.

5.  너는 토끼를 볼 수 있어.

   You can see a rabbit.

   Tip! '~할 수 있다'라는 능력의 의미를 나타낼 때 동작 동사 앞에 can을 붙여요.

6. 우리는 코끼리를 볼 수 있어요.

   We can see an elephant.

   Tip! 단어의 첫소리가 a, e, i, o, u로 시작하면 그 앞에 a 대신 an을 써요.

STEP 3 문장 확장하기

정답 3쪽

설명을 읽고, 우리말을 영어 문장으로 쓰세요.

대상을 꾸며주는 말

사람, 동물, 사물 등의 대상 앞에 꾸며주는 말을 붙여 그 대상을 자세하게 표현할 수 있어요. <a(n) + 꾸며주는 말 + 대상>의 순서를 기억하세요.

I see a cute dog. (나는 귀여운 강아지를 봐요.)
We see a small cat. (우리는 작은 고양이를 봐요.)

Word Bank
old
big
young

1. 나는 어린 호랑이를 봐요.

   I see a **young tiger**.

2. 우리는 나이 든 사자를 봐요.

   We **see** an **old lion**.

3. 너는 커다란 코끼리를 볼 수 있어.

   You can see a big elephant.

서술형

우리말을 보고, 동물원을 방문한 다온이의 일기를 완성해 보세요.

I am at the zoo. (나는 동물원에 있어요.)
I see a panda. (나는 판다를 봐요.)
I see a big bear. (나는 커다란 곰을 봐요.)
I see a cute monkey. (나는 귀여운 원숭이를 봐요.)
I love animals! (나는 동물들을 정말 좋아해요!)

정답 **3**

UNIT 03

I speak kindly.

'친절하게 말해요', '빠르게 달려요'처럼 **'어떻게'에 해당하는 말로 동작 동사를 꾸며 문장을 풍부하게 표현할 수 있어요.** 우리말에서 동사를 꾸며주는 말은 대부분 동사 앞에 와요. 하지만 영어에서는 보통 동사 바로 뒤에 오거나 문장 끝에 와요.

누가	어떻게	해요
(나는)	친절하게	말해요.
I	speak	kindly.
주어	동사	부사

Word Bank — 이미지를 보고 알맞은 단어에 체크하세요.

TOPIC: Daily Activities

- ☑ loudly / ☐ slowly
- ☐ early / ☑ carefully
- ☑ late / ☐ fast
- ☐ loudly / ☑ fast
- ☐ late / ☑ early
- ☑ slowly / ☐ carefully

Tip! 동작을 꾸며주는 '어떻게'에 해당하는 단어는 보통 -ly로 끝나요. 하지만 fast, late처럼 모양이 다른 경우도 있어요.

STEP 1 문장 익히기

우리말을 보고 영어 문장을 완성하세요.

주어	동사	부사

1
| I | eat | loudly |
| 나는 | 먹어요 | 시끄럽게 |

2
| We | eat | fast |
| 우리는 | 먹어요 | 빠르게 |

3
| You | eat | carefully |
| 너희들은 | 먹는다 | 조심스럽게 |

Tip! you는 '너' 이외에 '너희들'이란 뜻도 있어요.

주어	동사	목적어	부사

회색으로 표시된 부분은 따라 쓰며 문장을 완성하세요.

4
| You | eat | breakfast | late |
| 너희들은 | 먹는다 | 아침을 | 늦게 |

Tip! breakfast, lunch, dinner는 정해진 시간에 먹기 때문에 보통 앞에 a를 안 붙여요.

5
| They | eat | lunch | early |
| 그들은 | 먹어요 | 점심을 | 일찍 |

Tip! they는 '그들은'이란 뜻으로, 여러 사람을 가리킬 때 써요.

6
| They | eat | dinner | slowly |
| 그들은 | 먹어요 | 저녁을 | 천천히 |

STEP 2 문장 만들기

우리말을 영어 문장으로 쓰세요.

1 나는 큰 소리로 말해요.
I speak loudly.

2 너는 잠을 깊게 잔다.
You sleep deeply.

3 우리는 수영을 빨리 해요.
We swim fast.

4 너희들은 **꽃들**을 잘 그린다.
You draw flowers well.

Tip! 대상이 여러 개일 때는 보통 단어 뒤에 -s를 붙여요.

5 그들은 **이야기책**들을 천천히 읽어요.
They read storybooks slowly.

6 그들은 요리를 **쉽게** 할 수 있어요.
They can cook easily.

Word Bank
well
deeply
easily
●●●
flower
storybook

STEP 3 문장 확장하기

설명을 읽고, 우리말을 영어 문장으로 쓰세요.

정답 4쪽

동작 동사의 형태 변화 1

그(he), 그녀(she)처럼 '나, 너'가 아닌 다른 한 사람이 문장의 주어이면, 동작 동사 뒤에 -s를 붙여요. My mom처럼 특정한 다른 한 사람을 말할 때도 동사 뒤에 -s를 붙여요.

She swims well. (그녀는 수영을 잘해요.)
My brother eats dinner early. (나의 남동생은 저녁을 일찍 먹어요.)

1 나의 엄마는 천천히 걸어요.
My mom ___ walks slowly ___.

2 나의 아빠는 책을 빠르게 읽어요.
My dad ___ reads ___ books ___ fast ___.

3 그녀는 조심스럽게 글을 써요.
She writes carefully.

서술형

우리말을 보고, John 가족의 식사 습관에 대한 글을 완성해 보세요.

My family eats differently. (우리 가족은 다르게 먹어요. (식습관이 달라요.))
My dad eats fast. (나의 아빠는 빨리 먹어요.)
My mom eats slowly. (나의 엄마는 천천히 먹어요.)
My brother eats carefully. (나의 남동생은 조심스럽게 먹어요.)
I eat loudly. (나는 시끄럽게 먹어요.)

UNIT 04

She is my grandmother.

be동사 뒤에는 사람의 직업, 신분, 역할 등을 나타내는 말이 올 수 있어요. 이렇게 하면 문장의 주어가 '누구인지, 무엇인지'를 알 수 있어요. 그리고 문장의 주인공이 남자 한 명이면 he, 여자 한 명이면 she를 쓰는데, 이때 be동사는 둘 다 is를 써요.

누가	누구	~예요
그녀는	나의 할머니	~예요.

주어	be동사	보어 (명사)
She	is	my grandmother.

Word Bank — 이미지를 보고 알맞은 단어에 체크하세요.

TOPIC: Family

- ☑ mother
- ☐ daughter

- ☐ mother
- ☑ father

- ☐ son
- ☑ brother

- ☐ father
- ☑ daughter

- ☑ grandfather
- ☐ brother

- ☑ son
- ☐ grandfather

STEP 1 문장 익히기

우리말을 보고 영어 문장을 완성하세요.

주어	be동사	보어 (명사)

1 He / is / my father
그는 / ~예요 / 나의 아버지

Tip! 내 가족을 소개할 때는 '나의'라는 뜻의 'my'를 꼭 붙여요.

2 She / is / my mother
그녀는 / ~예요 / 나의 어머니

Tip! 더 친근하고 짧은 형태로, mother와 father를 각각 mom과 dad로 바꿔 쓸 수 있어요.

3 He / is / my son
그는 / ~이에요 / 나의 아들

4 She / is / my daughter
그녀는 / ~이에요 / 나의 딸

5 He / is / my grandfather
그는 / ~예요 / 나의 할아버지

6 He / is / my brother
그는 / ~이에요 / 나의 남동생

STEP 2 문장 만들기

우리말을 영어 문장으로 쓰세요.

Word Bank
cousin
sister
aunt
uncle
grandson
granddaughter

1 
그녀는 나의 **여동생**이에요.

She is my sister.

Tip! sister는 여동생, 언니, 누나를, brother는 남동생, 오빠, 형을 모두 뜻해요.

2 
그는 나의 **사촌**이에요.

He is my cousin.

3 
그는 나의 **손자**예요.

He is my grandson.

4 
그녀는 나의 **손녀**예요.

She is my granddaughter.

5 
그는 나의 **삼촌**이에요.

He is my uncle.

Tip! uncle은 아빠나 엄마의 남자 형제를 뜻해요.

6 
그녀는 나의 **이모**예요.

She is my aunt.

Tip! aunt는 아빠나 엄마의 여자 형제를 뜻해요.

STEP 3 문장 확장하기

설명을 읽고, 우리말을 영어 문장으로 쓰세요.

정답 5쪽

누구의 것인지 표현하기

가족을 소개할 때 누구의 가족인지 밝혀주는 것처럼, **누구와 관련된 사람인지, 누구의 물건인지** 말할 때도 my(나의), your(너의), our(우리의), his(그의), her(그녀의)를 붙여요. 이런 말들은 a(n)과 함께 쓸 수 없어요.

He is a doctor. (그는 의사 선생님이에요.)
He is my(my a) doctor. (그는 나의 의사 선생님이에요.)

1 그녀는 나의 할머니예요.
She is ___my grandmother___.

2 그것은 그의 이야기책이에요.
It is ___his storybook___.

3 Jane은 그녀의 여동생이에요.
Jane is her sister.

서술형

Ben의 가족 관계도를 보고, Ben의 가족을 소개하는 글을 완성해 보세요.

1 Hi, I'm Ben.
2 James ___is my father___.
3 Linda ___is my mother___.
4 Steve ___is my uncle___.
5 Alice and David are my grandparents.

1 안녕, 나는 벤이야.
2 제임스는 나의 아버지야.
3 린다는 나의 어머니야.
4 스티브는 나의 삼촌이야.
5 앨리스와 데이비드는 나의 조부모님이야.

UNIT 05

She is kind.

be동사 뒤에는 사람의 성격이나 기분, 상태를 나타내는 말을 쓸 수 있어요. 이렇게 하면 문장의 주어가 '어떠한지'를 알 수 있어요. 주어 자리에 I가 올 때는 be동사 자리에 am을 쓰고, you가 올 때는 are를, he나 she가 올 때는 is를 써요.

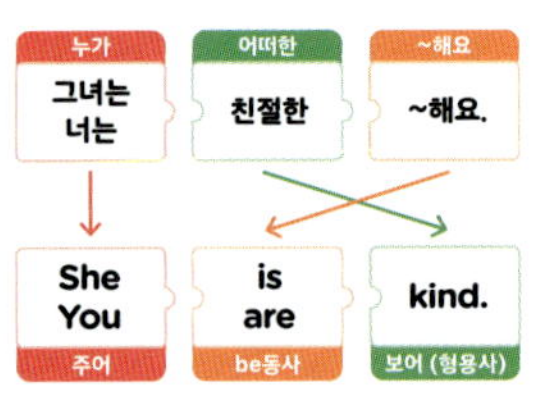

누가	어떠한	~해요
그녀는 너는	친절한	~해요.

주어	be동사	보어 (형용사)
She You	is are	kind.

Word Bank
이미지를 보고 알맞은 단어에 체크하세요.　　TOPIC: Character

- ☐ shy
- ☑ funny

- ☐ brave
- ☑ calm

- ☑ brave
- ☐ funny

- ☐ calm
- ☑ quiet

- ☑ shy
- ☐ smart

- ☑ smart
- ☐ quiet

STEP 1 문장 익히기
우리말을 보고 영어 문장을 완성하세요.

주어	be동사	보어 (형용사)

1
I	am	quiet
나는	~해요	조용한

2
I	am	brave
나는	~해요	용감한

3
You	are	shy
너는	~해	수줍음이 많은

4
You	are	calm
너는	~해	침착한

5
You	are	smart
너희들은	~해	똑똑한

6
You	are	funny
너희들은	~해	웃기는

Tip! you는 '너'와 '너희들'을 모두 뜻하는데, 뒤에 오는 be동사는 항상 are를 써요.

STEP 2 문장 만들기
우리말을 영어 문장으로 쓰세요.

Word Bank
nice
rude
lazy
loud
careful
honest

1  나는 게을러요.
I am lazy.

2  너는 시끄러워.
You are loud.

Tip loud 끝에 -ly가 붙어서 loudly가 되면 '시끄럽게, 큰 소리로'라는 뜻이 돼요.

3  그녀는 착해요.
She is nice.

4  그는 예의가 없어요.
He is rude.

5  너는 솔직해.
You are honest.

6  너희들은 조심스러워.
You are careful.

STEP 3 문장 확장하기
설명을 읽고, 우리말을 영어 문장으로 쓰세요.

정답 6쪽

문장의 주어
문장의 주어 자리에는 I, you, he, she 외에도 세상에 존재하는 모든 사람이나 사물의 이름이 올 수 있어요. 이름이 있는 모든 것들을 명사라고 해요. 그리고 주어가 여러 개일 때 be동사는 are를 써요.

My grandmother is smart. (나의 할머니는 똑똑해요.)
Rabbits are fast. (토끼들은 빨라요.)

1 나의 아버지는 용감해요.
My father **is** brave .

2 나의 오빠들은 시끄러워요.
My brothers **are** loud .

3 원숭이들은 똑똑해요.
Monkeys are smart.

서술형
우리말을 보고, 친구 Gina를 소개하는 글을 완성해 보세요.

This is my friend, Gina. (이 아이는 나의 친구 지나예요.)

She is **funny** and **honest** .
(그녀는 웃기고 솔직해요.)

She is kind[nice] to everyone.
(그녀는 모든 사람들에게 친절해요.)

Gina is my best friend.
(지나는 나의 가장 친한 친구예요.)

UNIT 06

She is in her bed.

be동사는 '~에 있다'라는 뜻도 나타낼 수 있어요. 이때 '어디에 있는지'를 알려주는 장소 표현이 뒤따르는데, <in/on + 장소>의 형태로 와요. in은 '(넓은 장소나 공간의) ~안에', on은 '(표면에 붙어서) ~위에'라는 뜻이에요. 여러 사람을 뜻하는 we(우리는)와 they(그들은)가 주어 자리에 올 때는 be동사 are를 써요.

누가	어디에	있어요
그녀는 우리는	그녀의 침대에 우리의 침대에	있어요. 있어요.

주어	be동사	부사구 (장소)
She We	is are	in her bed. in our bed.

Word Bank 이미지를 보고 알맞은 단어에 체크하세요.

TOPIC: Places at Home

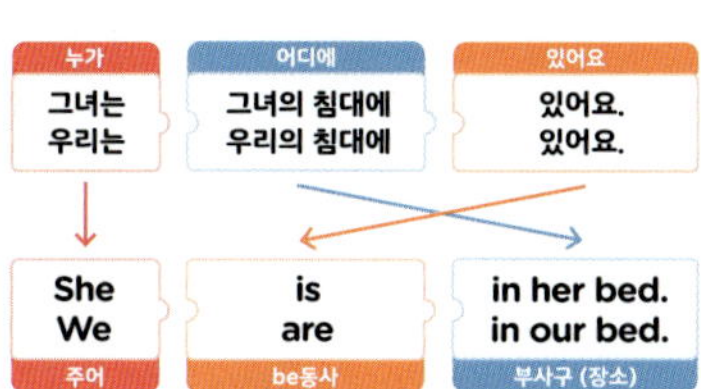

- ☑ the kitchen
- ☐ the yard
- ☐ the floor
- ☑ the bedroom
- ☑ the sofa
- ☐ the bathroom
- ☐ the sofa
- ☑ the floor
- ☑ the bathroom
- ☐ the kitchen
- ☑ the yard
- ☐ the bedroom

Tip! 서로 알고 있는 대상을 말할 때는 그 앞에 a가 아닌 the를 써요. 집에서는 서로 어디인지 아는 장소를 말할 때가 많아 장소 앞에 the를 함께 써요.

STEP 1 문장 익히기

우리말을 보고 영어 문장을 완성하세요.

주어	be동사	부사구 (장소)

1 They / are / in the yard
그들은 / 있어요 / 마당 안에

2 They / are / in the bedroom
그들은 / 있어요 / 침실 안에

3 They / are / in the bathroom
그들은 / 있어요 / 욕실 안에

4 We / are / in the kitchen
우리는 / 있어요 / 부엌 안에

5 We / are / on the floor
우리는 / 있어요 / 바닥 위에

6 We / are / on the sofa
우리는 / 있어요 / 소파 위에

Tip! floor(바닥)와 sofa(소파)는 접촉해 있는 장소이므로 '(표면에 붙어서) ~위에'를 나타내는 on과 함께 써요.

STEP 2 문장 만들기

우리말을 영어 문장으로 쓰세요.

Word Bank
- chair
- room
- garden
- stairs
- living room

1 우리는 침실에 있어요.
We are in the bedroom.
Tip! in, on이 각각 '~안에', '~위에'라는 뜻이지만 해석은 자연스럽게 '~에'로 할 때가 많아요.

2 그들은 방에 있어요.
They are in the room.

3 우리는 거실에 있어요.
We are in the living room.

4 그녀는 계단에 있어요.
She is on the stairs.
Tip! '계단'은 여러 칸이 연결된 구조 전체를 말하므로 stairs라고 써요.

5 그는 의자에 있어요.
He is on the chair.

6 그들은 정원에 있어요.
They are in the garden.

STEP 3 문장 확장하기

설명을 읽고, 우리말을 영어 문장으로 쓰세요.

정답 7쪽

be동사의 부정형

'~가 아니에요', '~에 있지 않아요'처럼 부정의 뜻을 말하고 싶을 때는, be동사 뒤에 not을 붙이면 돼요.

We **are not** in the kitchen. (우리는 부엌에 있지 않아요.)
He **is not** lazy. (그는 게으르지 않아요.)

1 나는 소파에 있지 않아요.
I am not on the sofa.

2 나의 여동생은 조심스럽지 않아요.
My sister is not careful.

3 그들은 마당에 있지 않아요.
They are not in the yard.

서술형 우리말을 보고, 괄호 안의 단어를 사용하여 엄마가 쓴 메모를 완성해 보세요.

Hi, honey. (안녕, 얘야.)
The sandwich is in the fridge. (fridge)
(그 샌드위치는 냉장고 안에 있어.)
Your books are on the desk. (desk)
(너의 책들은 책상 위에 있어.)
Your hat is in the closet. (closet)
(너의 모자는 옷장 안에 있어.)
See you later. (나중에 보자.)

정답 **7**

UNIT 07

He arrives in the afternoon.

주어와 동사로 이루어진 기본 문장에 붙는 말 중에는 '시간을 나타내는 표현'이 있어요. '아침에', '저녁에'처럼 **시간을 알려주는 말은 보통 <in, at, on + 시간 표현> 형태로 쓰고 문장 끝에 와요.** 동사가 문장 끝에 오는 우리말 순서와 다르니 차이점을 기억해 두세요.

in + 길거나 큰 범위의 시간	in the afternoon (오후에) in June (6월에)
at + 짧고 정확한 시간	at seven (7시에) at lunchtime (점심시간에)
on + 요일, 날짜, 특정한 날	on Monday (월요일에) on May 5 (5월 5일에)

강의 & 음원

Word Bank 이미지를 보고 알맞은 단어에 체크하세요.　　TOPIC: Time

- [✓] morning
- [ ] noon

- [ ] winter
- [✓] night

- [ ] Children's Day
- [✓] evening

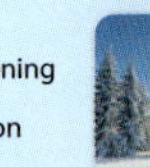
- [ ] night
- [✓] Children's Day

- [ ] evening
- [✓] noon

- [✓] winter
- [ ] morning

STEP 1 문장 익히기　　우리말을 보고 영어 문장을 완성하세요. 필요할 경우 동사의 모양을 바꾸세요.

주어	동사	부사구 (시간)

① He / runs / in the morning .
그는 / 달려요 / 아침에

> Tip! 주어가 he, she이므로 동사에 -s를 붙여야 해요.

② She / plays / in the evening .
그녀는 / 놀아요 / 저녁에

> Tip! 아침, 오후, 저녁 처럼 하루에 한 번뿐인 정해져 있는 시간 앞에는 the를 붙여요.

③ She / eats / at noon .
그녀는 / 먹어요 / 낮 12시에

> Tip! noon, night 앞에는 the를 쓰지 않아요.

④ He / sleeps / at night .
그는 / 잠자요 / 밤에

⑤ She / skates / in winter .
그녀는 / 스케이트를 타요 / 겨울에

⑥ He / travels / on Children's Day .
그는 / 여행 가요 / 어린이날에

STEP 2 문장 만들기　　우리말을 영어 문장으로 쓰세요. 필요할 경우 동사의 모양을 바꾸세요.

①  그녀는 낮 12시에 낮잠을 자요.
She takes naps at noon.

Word Bank
play soccer
play games
eat bread
wash my hands
plant trees
take naps

before lunch
after school
in April
on the weekend

②  그는 4월에 나무를 심어요.
He plants trees in April.

③  그는 아침에 빵을 먹어요.
He eats bread in the morning.

④  그녀는 주말에 게임을 해요.
She plays games on the weekend.

⑤  나는 점심 식사 전에 나의 손을 씻어요.
I wash my hands before lunch.

> Tip! 시간을 나타내는 표현 중 하나인 before는 '어떤 일이 일어나기 전에'를 의미해요.

⑥  그들은 학교 끝나고 축구를 해요.
They play soccer after school.

> Tip! 시간을 나타내는 표현 중 하나인 after는 '어떤 일이 일어난 후에'를 의미해요.

STEP 3 문장 확장하기　　설명을 읽고, 우리말을 영어 문장으로 쓰세요.

동작 동사의 부정형

동작 동사의 부정의 뜻을 나타낼 때 동사 앞에 더해지는 말이 있어요. 주어가 I, you, we, they일 때는 don't를, he, she일 때는 doesn't를 써요. don't나 doesn't 뒤의 동사는 원래 모양으로 써야 해요.

I don't(=do not) eat at night. (나는 밤에 먹지 않아요.)
He doesn't(=does not) run(runs) in the morning. (그는 아침에 뛰지 않아요.)

① 나는 주말에 공부하지 않아요.
I don't study on the weekend.

Word Bank
study

② 나의 여동생은 오후에 낮잠을 자지 않아요.
My sister doesn't take naps in the afternoon.

③ 그녀는 여름에 여행 가지 않아요.
She doesn't travel in summer.

서술형　　우리말을 보고, 괄호 안의 단어를 사용하여 민주의 편지를 완성해 보세요.

Dear Kay, (케이에게,)
I'm in Hawaii. (나는 하와이에 있어.)
I jog in the morning.　　(jog)
(나는 아침에는 조깅해.)
I don't swim in the afternoon.　　(swim)
(나는 오후에 수영을 하지 않아.)
I rest at night.　　(rest)
(나는 밤에는 쉬어.)
I like my time in Hawaii! (나는 하와이에서의 시간이 좋아!)

UNIT 08

Red walks to the bed.

기본 문장에 붙는 말 중에 '장소를 나타내는 표현'도 많이 쓰여요. 장소를 알려주는 말은 **'어디에서'일이 일어나는지를 알려주고, 보통 <in, at + 장소 명사>의 형태로 와요. 목적지를 의미하는 to(~으로)는 주로 go, walk처럼 이동을 의미하는 동사와 자주 쓰여요.**

in + 넓은 장소나 공간	in the **room** (방 안에)
at + 특정한 장소의 한 지점	at the **bus stop** (버스 정류장에)
to + 목적지	to the **bed** (침대로)

Word Bank 이미지를 보고 알맞은 단어에 체크하세요.

TOPIC: Places

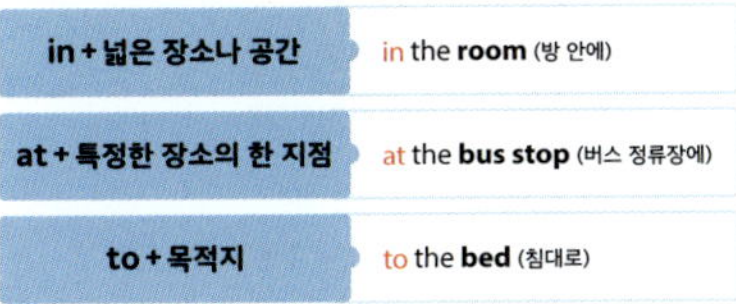

- [ ] park
- [x] store
- [x] theater
- [ ] beach
- [x] city
- [x] library
- [ ] library
- [x] beach
- [x] park
- [ ] theater
- [x] city
- [ ] store

STEP 1 문장 익히기

우리말을 보고 영어 문장을 완성하세요. 필요할 경우 동사의 모양을 바꾸세요.

주어	동사	부사구 (장소)
① I 나는	study 공부해요	in the library 도서관 안에서
② He 그는	lives 살아요	in the city 도시 안에서
③ She 그녀는	works 일해요	at the store 상점에서
④ She 그녀는	draws 그림을 그려요	at the park 공원에서
⑤ They 그들은	walk 걸어가요	to the theater 극장으로
⑥ They 그들은	drive 운전해요	to the beach 바닷가로

Tip! 장소는 보통 말하는 사람과 듣는 사람이 서로 알고 있는 특정한 곳을 가리킬 때가 많아서 앞에 the를 써요.

STEP 2 문장 만들기

우리말을 영어 문장으로 쓰세요. 필요할 경우 동사의 모양을 바꾸세요.

Word Bank
bank
bakery
market
airport
plane

sell flowers
watch movies
buy a sandwich

①  나는 공항에서 비행기들을 봐요.
I see planes at the airport.

②  그는 은행으로 걸어가요.
He walks to the bank.

③  그녀는 시장에서 꽃들을 팔아요.
She sells flowers at the market.

④  그녀는 빵집 안에서 샌드위치를 사요.
She buys a sandwich in the bakery.

⑤  그는 도서관 안에서 책들을 읽어요.
He reads books in the library.

⑥  나는 극장 안에서 영화를 봐요.
I watch movies in the theater.

STEP 3 문장 확장하기

설명을 읽고, 우리말을 영어 문장으로 쓰세요.

정답 9쪽

동작 동사의 형태 변화 2
문장의 주어가 he, she처럼 '나, 너'가 아닌 다른 한 사람이면, 동작 동사 뒤에 -s를 붙이죠. 그런데 동작 동사가 -s, -ss, -sh, -ch, -x, -o로 끝나면 -es를 붙여야 해요.

She go**es** to the market. (그녀는 시장으로 가요.)
He kiss**es** his dog. (그는 그의 강아지에게 뽀뽀해요.)

① 나의 남동생은 극장으로 가요.
My brother goes to the theater.

② 그가 조심스럽게 손을 씻어요.
He washes his hands carefully.

③ 나의 딸은 그녀의 방 안에서 TV를 봐요.
My daughter watches TV in her room.

서술형

우리말을 보고, 괄호 안의 단어를 사용하여 학교를 소개하는 글을 완성해 보세요.

Welcome to our school! (우리 학교에 오신 걸 환영합니다!)

We study in the classroom. (classroom)
(우리는 교실에서 공부해요.)
We eat lunch in the cafeteria. (cafeteria)
(우리는 식당 안에서 점심을 먹어요.)
We read books in the library. (library)
(우리는 도서관 안에서 책들을 읽어요.)

Our school is great! (우리 학교는 정말 좋아요!)

정답 **9**

UNIT 09

They go there on foot.

문장의 뼈대에는 '어떻게 하는지'를 알려주는 방법 표현도 붙을 수 있어요. 방법 표현 중 **교통수단을 나타내는 표현은 장소 표현과 자주 함께 쓰이며, <장소＋교통수단>의 순서로 써요.** 교통수단은 보통 '~로'라는 뜻의 by와 함께 써요. 단, '걸어서'란 표현은 on을 써서 on foot으로 표현해요.

누가	어떻게	어디에	해요
그들은	걸어서	그곳으로	가요.
They	go	there	on foot.
주어	동사	부사 (장소)	부사구 (방법)

Word Bank 이미지를 보고 알맞은 단어에 체크하세요.

TOPIC: Vehicles

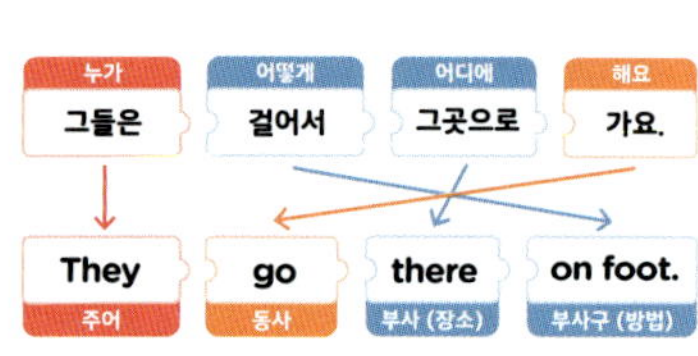

- ☐ bus
- ☑ bike

- ☑ taxi
- ☐ ship

- ☑ bus
- ☐ taxi

- ☑ train
- ☐ bike

- ☑ ship
- ☐ car

- ☐ train
- ☑ car

Tip! 'by + 교통수단' 표현에서 교통수단 앞에는 a나 the를 쓰지 않아요.

STEP 1 문장 익히기

우리말을 보고 영어 문장을 완성하세요. 필요할 경우 동사의 모양을 바꾸세요.

주어	동사	부사 (장소)	부사구 (방법)

①
I	go	to the park	by bus
나는	가요	공원에	버스로

Tip! 목적지를 말할 때는 장소 앞에 to와 the를 붙이는 것을 잊지 마세요.

②
She	goes	to the bakery	by bike
그녀는	가요	빵집에	자전거로

③
They	go	to the theater	by taxi
그들은	가요	극장에	택시로

④
He	goes	to church	by car
그는	가요	교회에	자동차로

Tip! church나 school이 '예배를 드리거나 공부를 하는' 본래의 목적 대로 쓰일 때는 the를 붙이지 않아요.

⑤
She	goes	to the zoo	by train
그녀는	가요	동물원에	기차로

⑥
They	go	to the island	by ship
그들은	가요	섬에	(큰) 배로

Tip! ship은 큰 배를, boat는 작은 배를 뜻해요.

STEP 2 문장 만들기

우리말을 영어 문장으로 쓰세요. 필요할 경우 동사의 모양을 바꾸세요.

① 우리는 걸어서 학교에 가요.

We go to school on foot.

Word Bank
subway
boat
go to school
travel

② 나는 비행기로 제주에 여행 가요.

I travel to Jeju by plane.

③ 그녀는 택시로 동물원에 가요.

She goes to the zoo by taxi.

④ 그녀는 지하철로 공원에 가요.

She goes to the park by subway.

⑤ 그는 (작은) 배로 그 섬에 여행 가요.

He travels to the island by boat.

⑥ 그들은 자전거로 시장에 가요.

They go to the market by bike.

STEP 3 문장 확장하기

설명을 읽고, 우리말을 영어 문장으로 쓰세요.

정답 10쪽

동작 동사의 형태 변화 3
주어가 he, she처럼 '나, 너'가 아닌 다른 한 사람일 때는 동사 끝에 -e(s)가 붙어요. 그런데 동사가 <자음+y>로 끝날 때는 -y를 -i로 바꾸고 -es를 붙여요. 단, play처럼 <모음+y>로 끝나는 동사의 경우에는 -s를 붙여요.

She studies(← study) English at school. (그녀는 학교에서 영어를 공부해요.)
The boy plays(← play) in the garden. (남자아이가 정원에서 놀아요.)

① 아기가 밤에 울어요.

The baby **cries** at night.

Word Bank
fly
cry

② 그녀는 뉴욕으로 비행기를 타고 가요.

She flies to New York.

③ Sam은 상점에서 빵을 사요.

Sam buys bread at the store.

서술형 괄호 안의 단어를 사용하여 대화문을 완성해 보세요.

1 Jane: How does your brother go to school?

2 Mike: He **goes to school on foot** . (foot)

3 Jane: How does your sister go to church?

4 Mike: She **goes to church by bike** . (bike)

5 Jane: How does your parents go to work?

6 Mike: They **go to work by car** . (car)

1 제인: 너의 형은 어떻게 학교에 가니?   4 마이크: 그녀는 자전거로 교회에 가.
2 마이크: 그는 걸어서 학교에 가.   5 제인: 너의 부모님은 어떻게 회사에 가셔?
3 제인: 너의 누나는 어떻게 교회에 가니?   6 마이크: 그들은 자동차로 회사에 가셔.

UNIT 10

It is a wolf.

it은 사물이나 동물 하나를 말할 때나, 앞에서 이미 나온 그 이름을 대신 말할 때 써요. 주어 자리에 it이 올 때는 be동사 is를 써서 그것이 무엇인지, 어떤 특징이 있는지, 어디에 있는지 나타낼 수 있어요. 여러 개의 대상이 있을 때는 주어로 they를 쓰는데, they는 사물이나 동물뿐 아니라 사람도 가리킬 수 있고 be동사 are를 써요.

주어	be동사	보어 (명사)
It 그것은	is ~예요	a wolf. 늑대

주어	be동사	보어 (형용사)
It 그것은	is ~예요	bad. 나쁜

주어	be동사	부사구 (장소)
They 그들은	are ~에 있어요	in the room. 방 안에

Word Bank 이미지를 보고 알맞은 단어에 체크하세요.

TOPIC: My Toys

- [ ] blocks
- [x] robot

- [ ] teddy bear
- [x] toy car

- [x] soccer ball
- [ ] board game

- [ ] soccer ball
- [x] teddy bear

- [x] board game
- [ ] robot

- [ ] toy car
- [x] blocks

STEP 1 문장 익히기

우리말을 보고 영어 문장을 완성하세요.

주어	be동사	보어 (명사)

1 It 그것은 / is ~이에요 / a soccer ball 축구공

Tip! it은 사물이나 동물 하나를 가리킬 때 써요. 그래서 뒤따라오는 사물 또는 동물의 이름 앞에 a(n)을 붙여야 해요.

2 It 그것은 / is ~이에요 / a teddy bear 곰 인형

3 It 그것은 / is ~예요 / a toy car 장난감 차

4 They 그것들은 / are ~이에요 / blocks 블록들

Tip! 사물이나 동물 등 여럿을 가리킬 때는 they를 써요. 그래서 뒤따라오는 사물 또는 동물의 이름 뒤에 -(e)s를 붙여야 해요.

5 They 그것들은 / are ~이에요 / robots 로봇들

6 They 그것들은 / are ~이에요 / board games 보드게임들

STEP 2 문장 만들기

우리말을 영어 문장으로 쓰세요.

Word Bank
balloon
doll
sky
●●●
cool
yellow
colorful

1   그것은 **인형**이에요.
It is a doll.

2  그것은 **노란색**이에요.
It is yellow.

3  그것은 **하늘**에 있어요.
It is in the sky.
Tip! sky(하늘)는 특정한 지점이 아닌 넓은 공간이므로 in the sky라고 써요.

4  그것들은 **화려한 풍선**들이에요.
They are colorful balloons.

5 그것들은 **멋져요.**
They are cool.

6 그것들은 **바닥**에 있어요.
They are on the floor.

STEP 3 문장 확장하기

설명을 읽고, 우리말을 영어 문장으로 쓰세요.

정답 11쪽

여러 개의 대상 표현하기

대상이 여러 개일 때는 보통 명사 뒤에 -s를 붙여요. 하지만 -s, -ss, -sh, -ch, -x로 끝나는 명사에는 -es를 붙여야 해요. 우리말과 달리 영어에서는 대상이 하나인지 혹은 여러 개인지 써주는 것이 매우 중요해요.

They are buses. (그것들은 버스들이에요)　　**They are foxes.** (그것들은 여우들이에요)

Word Bank
watch
brush
box

1 그것들은 **붓**들이에요.
They are brushes.

2 그것들은 **손목시계**들이에요.
They are watches.

3 그것들은 **상자**들이에요.
They are boxes.

서술형 우리말을 보고, 보기의 단어를 사용하여 마트의 광고를 완성해 보세요.

보기: colorful　new　have　cheap

Don't miss our sale! (우리의 할인을 놓치지 마세요!)
We have new watches.
(우리는 새로운 손목시계들이 있어요.)
They are colorful.
(그것들은 화려해요.)
And they are cheap
(그리고 그것들은 저렴해요.)
Come and see them! (오셔서 시계들을 보세요!)

정답 11

UNIT 11

That is Red.

눈 앞에 보이는 사람, 사물, 동물을 가리키고 싶을 때는 this(이것) 또는 that(저것)을 써요. this는 말하는 사람 가까이에 있는 하나를 가리킬 때, that은 말하는 사람에게서 멀리 떨어져 있는 하나를 가리킬 때 사용해요. 그리고 this와 that은 be동사 is와 짝을 이뤄요.

주어	be동사	보어 (명사)
That 저 아이는	is ~예요	Red. 빨간 모자
This 이것은	is ~예요	her basket. 그녀의 바구니

Word Bank 이미지를 보고 알맞은 단어에 체크하세요.　　TOPIC: Party Food

- [ ] cake
- [x] hamburger

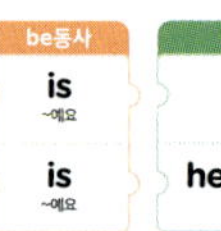
- [x] chicken
- [ ] soup

- [x] cookie
- [x] pasta

- [ ] chicken
- [x] cookie

- [ ] pasta
- [x] cake

- [x] soup
- [ ] hamburger

Tip! chicken, pasta, soup처럼 한 개, 두 개로 셀 수 없는 음식은 그 앞에 a를 쓰지 않아요.

64 LEVEL 1

STEP 1 문장 익히기

우리말을 보고 영어 문장을 완성하세요.

주어	be동사	보어 (명사)

1. This 이것은 | is ~예요 | pasta 파스타 .
2. This 이것은 | is ~예요 | soup 수프 .
3. This 이것은 | is ~예요 | chicken 닭고기 .
4. That 저것은 | is ~예요 | a cookie 한 개의 쿠키 .
5. That 저것은 | is ~예요 | a hamburger 한 개의 햄버거 .
6. That 저것은 | is ~예요 | a cake 한 개의 케이크 .

Tip! 정식 명칭은 hamburger지만 일상에서는 주로 burger로 써요.

UNIT 11　65

STEP 2 문장 만들기

우리말을 영어 문장으로 쓰세요.

Word Bank
sweet
fresh
salty
juicy
soft
spicy
●●●
pizza
doughnut
salad
sausage
muffin
steak

1.  이것은 달콤한 **머핀** 한 개예요.
This is a sweet muffin.
Tip! 명사를 꾸며줄 때는 <a(n) + 꾸며주는 말 + 명사> 순으로 써요.

2.  저것은 매운 **피자** 한 판이에요.
That is a spicy pizza.

3.  저것은 부드러운 **도넛** 한 개예요.
That is a soft doughnut.

4.  이것은 짭조름한 **소시지** 한 개예요.
This is a salty sausage.

5.  이것은 신선한 **샐러드** 한 접시예요.
This is a fresh salad.

6.  저것은 육즙이 풍부한 **스테이크** 한 덩어리예요.
That is a juicy steak.

Tip! 음식 종류나 음식 전체를 나타낼 때는 a 없이 쓸 수 있어요.

66 LEVEL 1

STEP 3 문장 확장하기

정답 12쪽

설명을 읽고, 우리말을 영어 문장으로 쓰세요.

여러 개의 물건이 있을 때

가까이 혹은 멀리 있는 대상이 '하나'가 아닌 '여러 개'일 때는 These are(이것들은 ~이에요) 또는 Those are(저것들은 ~이에요)를 써요.

This is a box. → These are boxes. (이것들은 상자들이에요.)
That is a cupcake. → Those are cupcakes. (저것들은 컵케이크들이에요.)

1. 이것들은 곰 모양 젤리들이에요.
These are **gummy bears** .

2. 저것들은 짭조름한 간식들이에요.
Those are salty snacks.

Word Bank
snack
gummy bear

서술형 우리말을 보고, 괄호 안의 단어를 사용하여 전통 간식 소개 글을 완성해 보세요.
(필요할 경우 단어의 형태를 바꿀 것)

This is a sweet pancake. (pancake)
(이것은 달콤한 팬케이크 한 개예요.)
hotteok

These are colorful cookies. (cookie)
(이것들은 화려한 쿠키들이에요.)

macarons

That is a soft rice cake. (rice cake)
(저것은 부드러운 떡 한 개예요.)

mochi

UNIT 11　67

12　LEVEL 1

UNIT 12

This house is safe.

this, that, these, those는 문장의 주어로 쓰일 수도 있고, 명사 앞에서 그 명사를 꾸며주는 역할도 할 수 있어요. 그 의미는 주어로 쓰일 때와 같아서 this는 가까운 한 개, that은 멀리 있는 한 개, these는 가까운 여러 개, those는 멀리 있는 여러 개의 명사를 꾸며줄 때 사용해요. a(n)이나 the와 함께 쓸 수 없어요.

주어	be동사	보어 (형용사)
This house 이 집은	is ~해요	safe. 안전한
These houses 이 집들은	are ~해요	safe. 안전한

Word Bank 이미지를 보고 알맞은 단어에 체크하세요.

TOPIC: Sports Items

- ☐ bat
- ☑ helmet

- ☑ net
- ☐ gloves

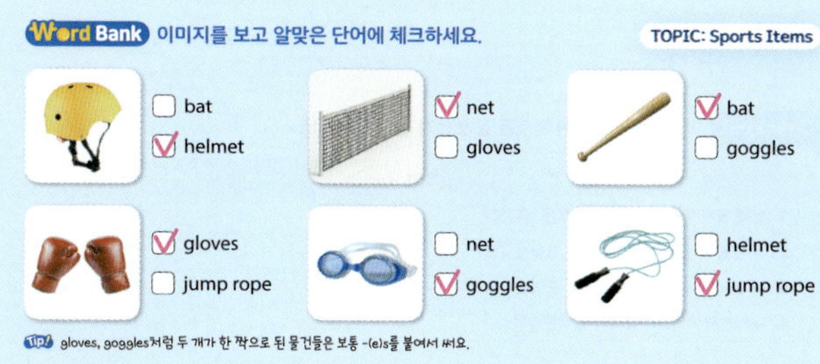
- ☑ bat
- ☐ goggles

- ☑ gloves
- ☐ jump rope

- ☐ net
- ☑ goggles

- ☐ helmet
- ☑ jump rope

Tip! gloves, goggles처럼 두 개가 한 쌍으로 된 물건들은 보통 -(e)s를 붙여서 써요.

STEP 1 문장 익히기

우리말을 보고 영어 문장을 완성하세요.

주어	be동사	보어 (형용사)

1 This bat / is / new
이 방망이는 / ~해요 / 새것인

2 That helmet / is / colorful
저 헬멧은 / ~해요 / (색이) 화려한

3 That net / is / high
저 네트는 / ~해요 / 높은

4 This jump rope / is / light
이 줄넘기는 / ~해요 / 가벼운

5 These gloves / are / cool
이 장갑들은 / ~해요 / 멋진

6 Those goggles / are / old
저 수경들은 / ~해요 / 오래된

STEP 2 문장 만들기

우리말을 영어 문장으로 쓰세요.

Word Bank
swimsuit
racket
shoe
basketball
skate
●●●
heavy
dirty
small

1 저 농구공은 새것이에요.
That basketball is new.

2 이 신발들은 커요.
These shoes are big.

3 이 수영복은 작아요.
This swimsuit is small.

4 저 라켓은 무거워요.
That racket is heavy.

5 이 헬멧들은 화려해요.
These helmets are colorful.

6 저 스케이트화들은 지저분해요.
Those skates are dirty.

정답 13쪽

STEP 3 문장 확장하기

설명을 읽고, 우리말을 영어 문장으로 쓰세요.

형용사를 꾸며주는 말

동사를 꾸며주는 말을 부사라고 하는데, 이 부사는 형용사 앞에서 형용사를 꾸며줄 수도 있어요. 자주 쓰이는 부사 중에 very는 '매우'라는 뜻이고, too는 '너무 ~하다'라는 다소 부정적인 뜻을 나타내요.

This helmet is very big. (이 헬멧은 매우 커요.)
That bat is too old. (저 방망이는 너무 오래됐어요.)

1 이 케이크는 매우 달콤해요.
This cake is very sweet.

Word Bank
sock

2 이 장갑들은 너무 커요.
These gloves are too big.

3 저 양말들은 너무 작아요.
Those socks are too small.

서술형 우리말을 보고, 괄호 안의 단어를 사용하여 손님과 직원의 대화를 완성해 보세요.

Customer: I want a new helmet. (손님: 저는 새 헬멧을 사고 싶어요.)

Clerk: How about this helmet? (점원: 이 헬멧은 어떠세요?)
This helmet is very cheap. (cheap)
(이 헬멧은 매우 저렴해요.)

Customer: Are any bicycles on sale? (손님: 할인 중인 자전거들이 있나요?)

Clerk: Those bicycles are on sale. (on sale)
(저 자전거들은 할인 중이에요.)

수행평가 Preview

CHAPTER 1
My Playtime

과제 확인 수행평가 과제를 확인해 보세요.

주제	내가 놀이터에서 주로 하는 놀이 소개하기
내용	✓ 시작과 마지막 문장을 포함하기 ✓ 놀이터에서 하는 놀이 세 가지를 포함하기
조건	✓ 모든 문장에 동작 동사를 하나씩 쓰기 ✓ '무엇을'과 '어떻게'가 들어간 문장을 하나씩 쓰기

예시 답변 다음 글을 소리 내어 읽으며 따라 써 보세요.

1 I go to the playground.
2 I run.
3 I play catch.
4 I swing high.
5 I am happy.

Word Bank
- playground 놀이터
- play catch 공 던지기 놀이를 하다
- swing 그네를 타다
- high 높게, 높은

1 나는 놀이터에 가요.
2 나는 달려요.
3 나는 공 던지기 놀이를 해요.
4 나는 그네를 높이 타요.
5 나는 행복해요.

24 LEVEL 1

정답 14쪽

내 답변 아래 표현들을 활용해 내 답변을 완성하고, 그림을 그려 보세요.

1 I go to the playground.
2 I **slide down.**
3 I **ride a seesaw.**
4 I **play tag.**
5 I am happy.

Word Bank
- run fast 빠르게 달리다
- climb 오르다
- ride a seesaw 시소를 타다
- jump high 높게 점프하다
- slide down 미끄럼틀을 타고 내려가다
- play tag 술래잡기를 하다

1 나는 놀이터에 가요.
2 나는 미끄럼틀을 타고 내려가요.
3 나는 시소를 타요.
4 나는 술래잡기를 해요.
5 나는 행복해요.

Checklist 내가 쓴 글을 보며 과제를 잘 했는지 평가해 보세요.

평가 요소		
1. 동작 동사가 들어간 문장 세 개를 썼나요?	Yes	No
2. '무엇을'이 들어간 문장 1개를 포함했나요?	Yes	No
3. '어떻게'가 들어간 문장 1개를 포함했나요?	Yes	No
4. 대소문자, 마침표, 철자가 올바른가요?	Yes	No

수행평가 Preview

CHAPTER 2
My Family

과제 확인 수행평가 과제를 확인해 보세요.

주제	가족 중 한 사람 소개하기
내용	✓ 시작과 마지막 문장을 포함하기 ✓ 가족의 직업, 성격, 현재 있는 장소를 포함하기
조건	✓ 동작 동사가 아닌 be동사를 포함한 문장 세 개 쓰기

예시 답변 다음 글을 소리 내어 읽으며 따라 써 보세요.

1 This is my dad.
2 He is a firefighter.
3 He is brave and funny.
4 He is in the kitchen now.
5 I love my dad!

Word Bank
- firefighter 소방관
- now 지금

1 이 분은 나의 아빠예요.
2 그는 소방관이에요.
3 그는 용감하고 웃겨요.
4 그는 지금 부엌에 있어요.
5 나는 나의 아빠가 정말 좋아요!

40 LEVEL 1

정답 14쪽

내 답변 아래 표현들을 활용해 내 답변을 완성하고, 그림을 그려 보세요.

1 This is my **mom.**
2 He/She is **a teacher.**
3 He/She is **active and cheerful.**
4 He/She is **at work now.**
5 I love my **mom!**

Word Bank
- teacher 선생님
- office worker 회사원
- gentle 온화한
- playful 장난기가 많은
- at work 회사에
- chef 요리사
- homemaker 주부
- active 활동적인
- cheerful 발랄한
- at home 집에

1 이 분은 나의 엄마예요.
2 그녀는 선생님이에요.
3 그녀는 활동적이고 발랄해요.
4 그녀는 지금 회사에 있어요.
5 나는 우리 엄마가 정말 좋아요!

Checklist 내가 쓴 글을 보며 과제를 잘 했는지 평가해 보세요.

평가 요소		
1. 가족의 직업, 성격, 현재 있는 장소를 포함했나요?	Yes	No
2. be동사로 세 개의 문장을 썼나요?	Yes	No
3. 시작과 마지막 문장을 포함했나요?	Yes	No
4. 대소문자, 마침표, 철자가 올바른가요?	Yes	No

CHAPTER 3
My Day

정답 15쪽

과제 확인 수행평가 과제를 확인해 보세요.

주제	나의 하루 일과 소개하기
내용	✔ 기상 시간과 잠드는 시간을 포함하기 ✔ 하루 일과 중에 하는 일 두 가지를 소개하기
조건	✔ 시간 표현이나 장소 표현을 하나 이상 포함하기 ✔ 학교에 갈 때 이용하는 교통수단을 포함하기

예시 답변 다음 글을 소리 내어 읽으며 따라 써 보세요.

1 I wake up at seven o'clock.
2 I go to school on foot.
3 I study math in the afternoon.
4 I read a book after dinner.
5 I go to bed at ten o'clock.

Word Bank
- wake up 일어나다, 잠에서 깨다
- math 수학
- go to bed 잠자리에 들다

1 나는 7시에 일어나요.
2 나는 걸어서 학교에 가요.
3 나는 오후에 수학을 공부해요.
4 나는 저녁 식사 후에 책을 읽어요.
5 나는 10시에 잠자리에 들어요.

내 답변 아래 표현들을 활용해 내 답변을 완성하고, 그림을 그려 보세요.

1 I wake up at eight o'clock.
2 I go to school by car.
3 I play basketball after school.
4 I do my homework in the evening.
5 I go to bed at eleven o'clock.

Word Bank
- write in my diary 나의 일기에 쓰다
- play baseball 야구를 하다
- have snacks 간식을 먹다
- play online games 온라인 게임을 하다
- do my homework 나의 숙제를 하다
- take a shower 샤워를 하다
- play basketball 농구를 하다
- watch YouTube 유튜브를 보다
- chat with my parents 나의 부모님과 이야기하다
- go for a walk 산책하러 가다

1 나는 8시에 일어나요.
2 나는 자동차로 학교에 가요.
3 나는 학교 끝나고 농구를 해요.
4 나는 저녁에는 나의 숙제를 해요.
5 나는 11시에 잠자리에 들어요.

Checklist 내가 쓴 글을 보며 과제를 잘 했는지 평가해 보세요.

평가 요소		
1. 기상 시간과 잠드는 시간을 포함했나요?	Yes	No
2. 하루 일과 중에 하는 일 두 가지를 소개했나요?	Yes	No
3. 시간, 장소, 교통수단 관련 표현을 포함했나요?	Yes	No
4. 대소문자, 마침표, 철자가 올바른가요?	Yes	No

CHAPTER 4
What's in Your Bag?

정답 15쪽

과제 확인 수행평가 과제를 확인해 보세요.

주제	내 가방 안에 있는 물건 소개하기
내용	✔ 시작과 마지막 문장을 포함하기 ✔ 가방 안의 물건을 두 가지 이상 소개하기
조건	✔ 주어 자리에 it, they, this, that 등을 사용하기 ✔ 각 물건의 특징을 설명하는 문장을 포함하기

예시 답변 다음 글을 소리 내어 읽으며 따라 써 보세요.

1 I have many things in my bag.
2 This is my pencil case. It is heavy.
3 Those are my key rings.
4 They are cool.
5 What do you have in your bag?

Word Bank
- many 많은
- thing 물건
- pencil case 필통
- key ring 열쇠고리

1 나의 가방 안에는 많은 물건들이 있어.
2 이것은 나의 필통이야. 그것은 무거워.
3 저것들은 나의 열쇠고리들이야.
4 그것들은 멋져.
5 너의 가방 안에는 무엇이 있니?

내 답변 아래 표현들을 활용해 내 답변을 완성하고, 그림을 그려 보세요.

1 I have many things in my bag.
2 (This)/These is my eraser.
3 (It)/They is big and hard.
4 That/(Those) are my scissors.
5 It/(They) are sharp.
6 What do you have in your bag?

Word Bank
- eraser 지우개
- glue 풀
- thick 두꺼운
- hard 딱딱한
- scissors 가위
- folder 서류철
- sharp 날카로운
- sticky 끈적끈적한

1 나의 가방 안에는 많은 물건들이 있어.
2 이것은 나의 지우개야.
3 그것은 크고 딱딱해.
4 저것들은 나의 가위야.
5 그것들은 날카로워.
6 너의 가방 안에는 무엇이 있니?

Checklist 내가 쓴 글을 보며 과제를 잘 했는지 평가해 보세요.

평가 요소		
1. 내 가방 안의 물건을 두 가지 이상 소개했나요?	Yes	No
2. 주어 자리에 it, they, this, that 등을 사용했나요?	Yes	No
3. 물건의 특징을 설명하는 문장을 포함했나요?	Yes	No
4. 대소문자, 마침표, 철자가 올바른가요?	Yes	No

A 괄호 안의 단어를 배열하여 문장을 완성하세요.

1 나는 읽어요. (read, I)
I read.

2 나는 그림을 그려요. (I, draw)
I draw.

3 나는 박쥐를 봐요. (see, I, bat, a)
I see a bat.

4 오리는 수영할 수 있어요. (can, swim, ducks)
Ducks can swim.

5 우리는 커다란 곰을 봐요. (bear, we, big, see, a)
We see a big bear.

B 〈보기〉의 단어를 사용하여 우리말을 영어 문장으로 쓰세요.

〈보기〉
lions
tiger
small
write
rabbit

6 나는 토끼를 봐요.
I see a rabbit.

7 사자들은 달릴 수 있어요.
Lions can run.

8 나는 호랑이를 볼 수 있어요.
I can see a tiger.

9 우리는 글을 쓸 수 있어요.
We can write.

10 나는 작은 고양이를 봐요.
I see a small cat.

C 밑줄 친 부분을 바르게 고쳐 문장을 다시 쓰세요.

11 Can I read.
I can read.

12 We see an rabbit.
We see a rabbit.

13 See we a cute monkey.
We see a cute monkey.

14 I see cute a dog.
I see a cute dog.

15 I a panda see.
I see a panda.

D 우리말을 영어 문장으로 쓰세요.

16 우리는 노래해요. (sing)
We sing.

17 나는 원숭이를 봐요. (monkey)
I see a monkey.

18 나는 읽을 수 있어요. (read)
I can read.

19 우리는 요리할 수 있어요. (cook)
We can cook.

20 나는 나이 든 코끼리를 봐요. (old)
I see an old elephant.

A 괄호 안의 단어를 배열하여 문장을 완성하세요.

1 나는 글을 천천히 써요. (write, I, slowly)
I write slowly.

2 나는 호랑이를 봐요. (a, see, tiger, I)
I see a tiger.

3 오리들이 수영해요. (swim, ducks)
Ducks swim.

4 그들은 춤을 잘 춰요. (dance, they, well)
They dance well.

5 나는 저녁을 일찍 먹어요. (eat, I, early, dinner)
I eat dinner early.

B 〈보기〉의 단어를 사용하여 우리말을 영어 문장으로 쓰세요.

〈보기〉
speak
cat
run
slowly
panda

6 우리는 고양이를 봐요.
We see a cat.

7 강아지들이 빠르게 달려요.
Dogs run fast.

8 나는 큰 소리로 말해요.
I speak loudly.

9 너는 판다를 볼 수 있어.
You can see a panda.

10 그는 천천히 걸어요.
He walks slowly.

C 밑줄 친 부분을 바르게 고쳐 문장을 다시 쓰세요.

11 I fast eat lunch.
I eat lunch fast.

12 She a dog sees.
She sees a dog.

13 I flowers draw.
I draw flowers.

14 He well cooks.
He cooks well.

15 My mom walk fast.
My mom walks fast.

D 우리말을 영어 문장으로 쓰세요.

16 너는 노래할 수 있어. (sing)
You can sing.

17 우리는 귀여운 토끼를 봐요. (rabbit)
We see a cute rabbit.

18 그들은 저녁을 늦게 먹어요. (late)
They eat dinner late.

19 나의 남동생은 잠을 깊게 자요. (deeply)
My brother sleeps deeply.

20 우리는 이야기책들을 큰 소리로 읽어요. (storybook)
We read storybooks loudly.

A 괄호 안의 단어를 배열하여 문장을 완성하세요.

❶ 그녀는 나의 어머니예요. (mother, my, she, is)
She is my mother.

❷ 나는 춤출 수 있어요. (dance, can, I)
I can dance.

❸ 그는 잠을 깊게 자요. (deeply, sleeps, he)
He sleeps deeply.

❹ 그녀는 나의 누나예요. (is, my, she, sister)
She is my sister.

❺ 그는 우리의 친구예요. (is, friend, our, he)
He is our friend.

B (보기)의 단어를 사용하여 우리말을 영어 문장으로 쓰세요.

보기
grandmother
lion
carefully
fast
grandson

❻ 그는 나의 손자예요.
He is my grandson.

❼ 나는 조심스럽게 걸어요.
I walk carefully.

❽ 나의 사촌은 수영을 빨리 해요.
My cousin swims fast.

❾ 나는 커다란 사자를 봐요.
I see a big lion.

❿ 그녀는 나의 할머니예요.
She is my grandmother.

C 밑줄 친 부분을 바르게 고쳐 문장을 다시 쓰세요.

⑪ My son cook can.
My son can cook.

⑫ Linda is a my daughter.
Linda is my daughter.

⑬ I sees a young elephant.
I see a young elephant.

⑭ My dad eat fast.
My dad eats fast.

⑮ He are my grandfather.
He is my grandfather.

D 우리말을 영어 문장으로 쓰세요.

⑯ 그는 나의 삼촌이에요. (uncle)
He is my uncle.

⑰ James는 그의 아빠예요. (dad)
James is his dad.

⑱ 그녀는 친절하게 말해요. (kindly)
She speaks kindly.

⑲ 나는 작은 돼지를 봐요. (small)
I see a small pig.

⑳ Jack은 그녀의 개예요. (dog)
Jack is her dog.

A 괄호 안의 단어를 배열하여 문장을 완성하세요.

❶ 나는 조용해요. (quiet, am, I)
I am quiet.

❷ 나는 글을 쓸 수 있어요. (write, can, I)
I can write.

❸ 나의 딸은 똑똑해요. (is, smart, daughter, my)
My daughter is smart.

❹ Alice는 그의 여동생이에요. (sister, is, his, Alice)
Alice is his sister.

❺ 그녀는 이야기책들을 큰 소리로 읽어요. (reads, loudly, she, storybooks)
She reads storybooks loudly.

B (보기)의 단어를 사용하여 우리말을 영어 문장으로 쓰세요.

보기
kind
lazy
old
loud
friend

❻ 그녀는 게을러요.
She is lazy.

❼ 그는 나의 친구예요.
He is my friend.

❽ 그녀는 나이 든 곰을 봐요.
She sees an old bear.

❾ 나의 할아버지는 친절해요.
My grandfather is kind.

❿ 너희들은 시끄러워.
You are loud.

C 밑줄 친 부분을 바르게 고쳐 문장을 다시 쓰세요.

⑪ You are carefully.
You are careful.

⑫ I see a elephant.
I see an elephant.

⑬ He are rude.
He is rude.

⑭ My dad are funny.
My dad is funny.

⑮ They is my cousins.
They are my cousins.

D 우리말을 영어 문장으로 쓰세요.

⑯ 우리들은 수영할 수 있어요. (swim)
We can swim.

⑰ 그녀는 솔직해요. (honest)
She is honest.

⑱ 나의 고모는 수줍음이 많아요. (aunt)
My aunt is shy.

⑲ Ben은 그녀의 삼촌이에요. (uncle)
Ben is her uncle.

⑳ 나의 남동생은 잘 먹어요. (well)
My brother eats well.

A 괄호 안의 단어를 배열하여 문장을 완성하세요.

① 그녀는 노래해요. (sings, she)
She sings.

② 그는 고양이를 봐요. (sees, he, cat, a)
He sees a cat.

③ 나의 엄마는 조심스러워요. (mom, careful, is, my)
My mom is careful.

④ 그는 부엌에 있어요. (is, in, he, kitchen, the)
He is in the kitchen.

⑤ 그 샌드위치는 냉장고 안에 있어요. (is, the, sandwich, fridge, in, the)
The sandwich is in the fridge.

B 보기 의 단어를 사용하여 우리말을 영어 문장으로 쓰세요.

보기
daughter
closet
yard
bathroom
brave
hat

⑥ 그는 용감해요.
He is brave.

⑦ 그들은 욕실에 있어요.
They are in the bathroom.

⑧ 나의 친구들은 마당에 있어요.
My friends are in the yard.

⑨ 그녀는 나의 딸이 아니에요.
She is not my daughter.

⑩ 나의 모자는 옷장 안에 있어요.
My hat is in the closet.

C 밑줄 친 부분을 바르게 고쳐 문장을 다시 쓰세요.

⑪ My cat <u>are</u> in the room.
My cat is in the room.

⑫ Alice <u>not is</u> my grandmother.
Alice is not my grandmother.

⑬ We are <u>in</u> the floor.
We are on the floor.

⑭ She <u>dinner eats</u> slowly.
She eats dinner slowly.

⑮ We <u>not are</u> on the sofa.
We are not on the sofa.

D 우리말을 영어 문장으로 쓰세요.

⑯ 나의 손자는 귀여워요. (grandson)
My grandson is cute.

⑰ 나의 손녀는 의자에 있어요. (granddaughter)
My granddaughter is on the chair.

⑱ 박쥐들은 똑똑해요. (smart)
Bats are smart.

⑲ 나는 잠을 늦게 자요. (late)
I sleep late.

⑳ 나는 코끼리를 볼 수 있어요. (elephant)
I can see an elephant.

A 괄호 안의 단어를 배열하여 문장을 완성하세요.

① 그녀는 아침에 달려요. (runs, she, morning, the, in)
She runs in the morning.

② 그들은 부엌에 있지 않아요. (not, they, in, are, kitchen, the)
They are not in the kitchen.

③ 나는 큰 소리로 노래할 수 있어요. (sing, loudly, can, I)
I can sing loudly.

④ 그는 낮 12시에 낮잠을 자요. (takes, at, naps, noon, he)
He takes naps at noon.

⑤ 그는 저녁 식사 전에 게임을 해요. (games, before, he, plays, dinner)
He plays games before dinner.

B 보기 의 단어를 사용하여 우리말을 영어 문장으로 쓰세요.

보기
smart
school
stairs
April
book
plant

⑥ 그것은 나의 책이에요.
It is my book.

⑦ 나의 딸은 똑똑해요.
My daughter is smart.

⑧ 고양이 한 마리가 계단 위에 있어요.
A cat is on the stairs.

⑨ 우리는 4월에 나무들을 심어요.
We plant trees in April.

⑩ 그들은 학교 끝나고 축구를 해요.
They play soccer after school.

C 밑줄 친 부분을 바르게 고쳐 문장을 다시 쓰세요.

⑪ I see <u>a</u> old lion.
I see an old lion.

⑫ My grandfather <u>sleep</u> well.
My grandfather sleeps well!.

⑬ They <u>is</u> not in the living room.
They are not in the living room.

⑭ She draws <u>on</u> the afternoon.
She draws in the afternoon.

⑮ My dad <u>don't</u> travel in summer.
My dad doesn't travel in summer.

D 우리말을 영어 문장으로 쓰세요.

⑯ 그는 잠을 깊게 잘 수 있어요. (deeply)
He can sleep deeply.

⑰ 그는 솔직해요. (honest)
He is honest.

⑱ 나는 아침에 수영을 하지 않아요. (swim)
I do not swim in the morning.

⑲ 그는 점심 식사 전에 그의 손을 씻어요. (wash)
He washes his hands before lunch.

⑳ 그의 강아지는 마당에 있지 않아요. (yard)
His dog is not in the yard.

A 괄호 안의 단어를 배열하여 문장을 완성하세요.

❶ 나의 여동생은 귀여워요. (cute, my, is, sister)
My sister is cute.

❷ 그들은 은행으로 걸어가요. (walk, bank, the, they, to)
They walk to the bank.

❸ 그녀는 공원에서 그림을 그려요. (at, the, draws, she, park)
She draws at the park.

❹ 그녀는 어린이날에 여행 가요. (on, she, travels, Children's Day)
She travels on Children's Day.

❺ 그 샌드위치는 냉장고 안에 있어요. (the, is, sandwich, fridge, the, in)
The sandwich is in the fridge.

B 〈보기〉의 단어를 사용하여 우리말을 영어 문장으로 쓰세요.

〈보기〉
theater
library
morning
rest
fast

❻ 나는 오후에 쉬어요.
I rest in the afternoon.

❼ 나의 삼촌은 수영을 빨리 해요.
My uncle swims fast.

❽ 우리는 도서관 안에서 책들을 읽어요.
We read books in the library.

❾ 나는 아침에 공부하지 않아요.
I do not study in the morning.

❿ 그녀는 극장으로 걸어가요.
She walks to the theater.

C 밑줄 친 부분을 바르게 고쳐 문장을 다시 쓰세요.

⓫ Ducks can walks.
Ducks can walk.

⓬ They sees a small panda.
They see a small panda.

⓭ He reads to the library.
He reads in the library.

⓮ My dad is on the garden.
My dad is in the garden.

⓯ My son watch TV in his room.
My son watches TV in his room.

D 우리말을 영어 문장으로 쓰세요.

⓰ 그는 그녀의 친구예요. (friend)
He is her friend.

⓱ 너는 친절해. (kind)
You are kind.

⓲ 나의 엄마는 시장에서 꽃들을 사요. (market)
My mom buys flowers at the market.

⓳ 우리는 극장 안에서 영화들을 봐요. (watch)
We watch movies in the theater.

⓴ 그녀는 바닷가로 운전해요. (beach)
She drives to the beach.

A 괄호 안의 단어를 배열하여 문장을 완성하세요.

❶ 나의 남동생은 게을러요. (is, brother, lazy, my)
My brother is lazy.

❷ 우리는 커다란 곰을 봐요. (big, a, see, bear, we)
We see a big bear.

❸ 나는 택시로 교회에 가요. (church, by, I, go, to, taxi)
I go to church by taxi.

❹ 그는 책을 빠르게 읽어요. (reads, he, fast, books)
He reads books fast.

❺ 그들은 버스로 공원에 가요. (by, they, to, park, go, the, bus)
They go to the park by bus.

B 〈보기〉의 단어를 사용하여 우리말을 영어 문장으로 쓰세요.

〈보기〉
ship
cry
subway
island
train
grandson
travel

❻ 우리는 (큰) 배로 그 섬에 여행 가요.
We travel to the island by ship.

❼ Steve는 그의 손자예요.
Steve is his grandson.

❽ 그 아기가 밤에 울어요.
The baby cries at night.

❾ 그는 지하철로 은행에 가요.
He goes to the bank by subway.

❿ 그들은 기차로 동물원에 가요.
They go to the zoo by train.

C 밑줄 친 부분을 바르게 고쳐 문장을 다시 쓰세요.

⓫ She goes to the bakery by foot.
She goes to the bakery on foot.

⓬ He don't take naps in the afternoon.
He doesn't take naps in the afternoon.

⓭ She washs her hands carefully.
She washes her hands carefully.

⓮ Minju fly to New York.
Minju flies to New York.

⓯ They go to the park of car.
They go to the park by car.

D 우리말을 영어 문장으로 쓰세요.

⓰ 나의 할아버지는 침착하세요. (calm)
My grandfather is calm.

⓱ 그들은 자전거로 학교에 가요. (bike)
They go to school by bike.

⓲ 그녀는 계단에 있지 않아요. (stairs)
She is not on the stairs.

⓳ 그녀는 비행기로 제주에 여행 가요. (plane)
She travels to Jeju by plane.

⓴ 우리는 걸어서 시장에 가요. (market)
We go to the market on foot.

A 괄호 안의 단어를 배열하여 문장을 완성하세요.

① 그것은 자전거예요. (is, a, it, bike)
It is a bike.

② 그것들은 사자예요. (are, lions, they)
They are lions.

③ 그것들은 식탁 위에 있어요. (the, on, they, are, table)
They are on the table.

④ 그는 천천히 먹어요. (slowly, he, eats)
He eats slowly.

⑤ 그들은 거실에 있어요. (the, are, room, living, in, they)
They are in the living room.

B 보기의 단어를 사용하여 우리말을 영어 문장으로 쓰세요.

⑥ 그것은 멋져요.
It is cool.

⑦ 나의 아빠는 침착해요.
My dad is calm.

⑧ 그것은 방 안에 있어요.
It is in the room.

⑨ 그것들은 샌드위치들이에요.
They are sandwiches.

⑩ 우리는 식당 안에서 점심을 먹어요.
We eat lunch in the cafeteria.

C 밑줄 친 부분을 바르게 고쳐 문장을 다시 쓰세요.

⑪ John is <u>my a</u> brother.
John is my brother.

⑫ They are <u>brusths</u>.
They are brushes.

⑬ They go to school <u>by</u> foot.
They go to school on foot.

⑭ My son sleeps <u>at</u> his room.
My son sleeps in his room.

⑮ He plays games <u>at</u> the afternoon.
He plays games in the afternoon.

D 우리말을 영어 문장으로 쓰세요.

⑯ 그것은 화려해요. (colorful)
It is colorful.

⑰ 그것들은 하늘에 있어요. (sky)
They are in the sky.

⑱ 나의 개는 계단에 있어요. (stairs)
My dog is on the stairs.

⑲ 나의 엄마는 자동차로 회사에 가요. (work)
My mom goes to work by car.

⑳ 우리는 (작은) 배로 그 섬에 가요. (island)
We go to the island by boat.

A 괄호 안의 단어를 배열하여 문장을 완성하세요.

① 저것은 파스타예요. (pasta, that, is)
That is pasta.

② 그것들은 인형들이에요. (are, they, dolls)
They are dolls.

③ 이것은 신선한 샐러드 한 접시예요. (a, is, salad, fresh, this)
This is a fresh salad.

④ 이것들은 달콤한 케이크들이에요. (cakes, these, sweet, are)
These are sweet cakes.

⑤ 나는 햄버거를 먹을 수 있어요. (eat, can, hamburger, a, I)
I can eat a hamburger.

B 보기의 단어를 사용하여 우리말을 영어 문장으로 쓰세요.

⑥ 그것들은 곰 인형들이에요.
They are teddy bears.

⑦ 이것은 장난감 차예요.
This is a toy car.

⑧ 나는 도서관에 버스로 가요.
I go to the library by bus.

⑨ 저것들은 화려한 쿠키들이에요.
Those are colorful cookies.

⑩ 이것들은 부드러운 도넛들이에요.
These are soft doughnuts.

C 밑줄 친 부분을 바르게 고쳐 문장을 다시 쓰세요.

⑪ That <u>are</u> a cake.
That is a cake.

⑫ They have new <u>watchs</u>.
They have new watches.

⑬ My mom <u>walk</u> slowly.
My mom walks slowly.

⑭ My grandfather is <u>on</u> the bathroom.
My grandfather is in the bathroom.

⑮ <u>I doesn't</u> take naps in the afternoon.
I don't take naps in the afternoon.

D 우리말을 영어 문장으로 쓰세요.

⑯ 저것은 짭조름한 피자 한 판이에요. (salty)
That is a salty pizza.

⑰ 저것은 스테이크 한 덩어리가 아니에요. (steak)
That is not a steak.

⑱ 그는 그 도시 안에서 살지 않아요. (city)
He does not live in the city.

⑲ 이것들은 나의 보드게임들이에요. (board game)
These are my board games.

⑳ 나의 이모는 지하철로 공원에 가요. (subway)
My aunt goes to the park by subway.

A 괄호 안의 단어를 배열하여 문장을 완성하세요.

1. 이 방망이는 오래됐어요. (bat, this, is, old)
This bat is old.

2. 저 라켓은 새것이에요. (racket, that, is, new)
That racket is new.

3. 그것들은 상자 안에 있어요. (are, in, they, box, the)
They are in the box.

4. 이것들은 곰 모양 젤리들이에요. (are, bears, these, gummy)
These are gummy bears.

5. 저 수경들은 너무 커요. (big, those, are, goggles, too)
Those goggles are too big.

B 〈보기〉의 단어를 사용하여 우리말을 영어 문장으로 쓰세요.

〈보기〉
funny
dirty
cousin
market
noon

6. 나는 낮 12시에 점심을 먹어요.
I eat lunch at noon.

7. 그녀는 그의 사촌이에요.
She is his cousin.

8. 그는 매우 웃겨요.
He is very funny.

9. 이 스케이트화들은 지저분해요.
These skates are dirty.

10. 그들은 버스로 시장에 가요.
They go to the market by bus.

C 밑줄 친 부분을 바르게 고쳐 문장을 다시 쓰세요.

11. The baby sleeps well in night.
The baby sleeps well at night.

12. This glove are small.
These gloves are small.

13. That helmet is big very.
That helmet is very big.

14. This is a sweet rice cakes.
This is a sweet rice cake.

15. She fast reads books.
She reads books fast.

D 우리말을 영어 문장으로 쓰세요.

16. 그것들은 쿠키들이에요. (cookies)
They are cookies.

17. 그것은 신선한 샐러드 한 접시예요. (fresh)
It is a fresh salad.

18. 저 파스타는 매우 매워요. (spicy)
That pasta is very spicy.

19. 우리는 자동차로 극장에 가요. (theater)
We go to the theater by car.

20. 저 양말들은 너무 커요. (sock)
Those socks are too big.

Hidden Pictures

미국은 파티 문화가 발달한 나라예요. 그중 Potluck Party가 유명한데요, 주최자는 장소와 그릇만 준비하고 참가자들이 음식을 가져와 함께 나누어 먹는 방식이에요. Potluck은 '냄비(pot)의 행운(luck)'이라는 뜻이에요. 이 말은 오래전 영국에서 유래되었어요. 손님이 갑자기 집에 찾아오면, 냄비에 남아 있는 음식을 꺼내 나누어 주면서 "The luck of the pot(냄비의 행운)"이라고 말했대요. 이 표현이 지금의 Potluck Party로 이어진 거예요.

● 다음 potluck party 그림 속에 숨겨진 세계 음식 5가지를 찾아보세요.

kimbap, taco, onigiri, macaron, scone

정답 21쪽

정답 **21**

MEMO

NE능률 영어교육연구소

NE능률 영어교육연구소는 전문성과 탁월성을 기반으로
영어 교육 트렌드를 선도합니다.

이 보 영 선임연구원   **한 윤 희** 선임연구원
김 민 정 연구원   **박 영 랑** 연구원   **김 지 은** 연구원

달곰한
SENTENCE
WRITING **1** LEVEL

펴 낸 날	2026년 1월 5일 (초판 1쇄)
펴 낸 이	이정진
펴 낸 곳	(주)NE능률
지 은 이	NE능률 영어교육연구소
개 발 책 임	백인경
개 발	이보영, 한윤희, 김민정, 박영랑, 김지은
영 문 교 열	Curtis Thompson, Courtenay Parker
디 자 인 책 임	오영숙
디 자 인	안훈정, 오솔길
사 진	Shutterstock
삽 화	정민영
제 작 책 임	한성일
등 록 번 호	제1-68호
I S B N	979-11-253-5194-8

＊이 책의 저작권은 (주)NE능률에 있습니다.
＊본 교재의 독창적인 내용에 대한 일체의 무단 전재 모방은 법률로 금지되어 있습니다.

대 표 전 화	02 2014 7114
홈 페 이 지	www.neungyule.com
주 소	서울시 마포구 월드컵북로 396(상암동) 누리꿈스퀘어 비즈니스타워 10층